Plandemic

Angst ist das Virus, Wahrheit ist die Heilung

1. Auflage Februar 2022

Titel der amerikanischen Originalausgabe:
Plandemic: Fear Is the Virus. Truth Is the Cure.

Übersetzung aus dem Amerikanischen: Matthias Schulz
Lektorat: Barbara Allgeier
Satz und Layout: Martina Kimmerle
Umschlaggestaltung: Nicole Lechner

ISBN: 978-3-86445-870-5

FSC
www.fsc.org

MIX
Papier aus verantwor-
tungsvollen Quellen
FSC® C014496

Gerne senden wir Ihnen unser Verlagsverzeichnis
Kopp Verlag
Bertha-Benz-Straße 10
72108 Rottenburg
E-Mail: info@kopp-verlag.de
Tel.: (0 74 72) 98 06-10
Fax: (0 74 72) 98 06-11

Unser Buchprogramm finden Sie auch im Internet unter:
www.kopp-verlag.de

Mikki Willis
(Herausgeber und Co-Autor)

Plandemic

Angst | Wahrheit
ist das Virus | ist die Heilung

BANNED

KOPP VERLAG

Sie möchten mehr über das erfahren,
was Sie gleich lesen werden?

Scannen Sie diesen QR-Code
mit Ihrer Handykamera
und BLEIBEN SIE IN KONTAKT mit
dem *Plandemic*-Team.

Sehen Sie sich
unsere Filme KOSTENLOS an!

Einleitung

*»Am schwersten zu erklären ist
das, was ins Auge sticht,
jedoch keiner sehen möchte.«*

Ayn Rand

Das Angebot, dieses Buch zu machen, kam kurz nach der Veröffentlichung von *Plandemic: Indoctornation*, während ich gerade im Auge eines medialen Sturms herumgewirbelt wurde. Ich würde das nicht schaffen. Ich musste ablehnen. Ich wusste: Würde ich ein wie auch immer geartetes Produkt erschaffen, würden sich die Medien darauf stürzen und den Massen zurufen: »Seht ihr, in Wirklichkeit ist persönliches Gewinnstreben sein einziger Antrieb.« Selbst ohne ein verkaufbares Produkt versuchten sie es ohnehin bereits mit diesem Ansatz.

Was keiner wusste: Wir weigerten uns, in irgendeiner Form aus dem *Plandemic*-Film Gewinn zu ziehen. Außer der Wahrheit hatten wir nichts zu verkaufen. Wir aktivierten keine einzige bezahlte Anzeige. Wir wiesen jedes Angebot zurück, Investitionen zu bekommen, und nahmen stattdessen an Spenden gerade genug ein, dass wir unsere Ausgaben decken konnten. Weil wir uns keine Gedanken um die finanziellen Erträge machen mussten, konnten wir den Film verschenken. *Plandemic* war unser Geschenk an die Menschen, und letzten Endes waren es die Menschen, die ihn in alle Welt hinaustrugen.

Nachdem der erste *Plandemic*-Film Rekorde brach, erhielt ich ein millionenschweres Angebot, die Marke zu lizenzieren. Hier ein Ausschnitt aus einem Interview, das ich 2021 mit dem Magazin *Ojai* führte. Mein Gesprächspartner war Reno Rolle, der Mensch, der das Geschäft einfädeln wollte:

> »Im Anschluss an sein *Plandemic*-Projekt traten an mich Menschen heran, die darauf spezialisiert sind, Daten zu monetarisieren. Sie dachten, ich würde an Mikki herankommen können«, sagte er. »Sie betonten nachdrücklich, dass sie, wenn sie Zugang zu Mikkis Datenbank bekämen, diese Datenbank vermarkten würden, und sie

garantierten einen siebenstelligen Betrag über den Verlauf einer Woche. Ich weiß, das klingt unglaublich, aber ich war im Direct-Response-Gemeindemarketing und weiß, dass diese Leute durchaus glaubwürdig und seriös sind. Mikki weigerte sich glattheraus, denn er befürchtete, die Leute würden denken, er habe *Plandemic* des Geldes wegen gemacht.«[1]

Als unabhängiger Filmemacher hangelte ich mich damals von Scheck zu Scheck. Warum sollte ich eine mehrere Millionen schwere Zusage in den Wind schlagen? Einfach ist mir diese Entscheidung nicht gefallen und, um ganz ehrlich zu sein: Es gab durchaus Augenblicke, in denen ich diese Entscheidung hinterfragt habe. Vor der Veröffentlichung von *Plandemic* hatten meine Familie und ich während des Thomas Fire in Kalifornien unser Zuhause verloren, unser Arbeitsstudio, unser Auto und alles, was wir noch besaßen. Wir flohen mit unseren Handys, einigen Festplattenspeichern und der Kleidung, die wir am Leib trugen.

Unsere Feuerversicherung wies Mängel auf, insofern erhielten wir eine Summe, die knapp ein Sechzehntel dessen ausmachte, was wir verloren hatten. Es ist also nicht so, dass wir das Geld nicht gut hätten gebrauchen können. Aber ich konnte mich nicht dazu durchringen, aus einem Film dieser Art Kapital zu schlagen. Zum Glück stand meine Frau voll und ganz hinter meiner Entscheidung. Und übrigens: 100 Prozent meines Gewinnanteils aus dem Verkauf dieses Buchs gehen direkt an eine gemeinnützige Organisation, die neue Schulen und Bildungseinrichtungen für Kinder und junge Erwachsene errichtet.

Wenn Sie noch nicht die Erfahrung gemacht haben, wie es ist, komplett zensiert und mundtot gemacht zu werden und aus allen Formen digitaler Medien gelöscht zu werden, können Sie möglicherweise auch nicht nachvollziehen, was diese Art Knebelung mit einem Menschen anstellt. Die Kräfte, die die globalen Narrative kontrollieren, taten alles in ihrer Macht Stehende, um sicherzustellen, dass ich nicht die Möglichkeit habe, meinen guten Ruf zu verteidigen.

Man sagt uns stets, dass alles zwei Seiten hat, aber die Torwächter der Redefreiheit haben unglücklicherweise dafür gesorgt, dass wir nur eine Seite der Geschichte zu hören bekommen – ihre Seite. Ich machte mich auf die Suche nach einem alternativen Medium, das mir die Freiheit und die Reichweite geben würde, die Dinge richtigzustellen.

Mein Produzent Erik schlug mir vor, ein Buch zu schreiben. Ich hatte schon früher einige Angebote erhalten, aber »Autor werden« stand nicht auf meiner To-do-Liste. Zum Glück blieb Erik hartnäckig und ich willigte endlich ein, dass eine Enthüllungsjournalistin mit der Befragung wichtiger Interviewpartner und Teammitgliedern beginnt, um das Fundament für dieses Buch zu entwickeln.

Einige Wochen später rief Erik an. Er habe »gute und schlechte Neuigkeiten«, eröffnete er mir. »Zuerst die schlechten«, sagte ich.

Er erwiderte: »Ich habe gerade erfahren, dass unsere Autorin nicht auf unserer Seite steht. Sie glaubt dem Mainstream-Narrativ und hält uns für durchgeknallt.«

»Wunderbar«, sagte ich und stellte mich innerlich auf den nächsten Rufmord-Artikel ein. »Und was ist die gute Neuigkeit?«

Erik sagte: »Tatsächlich *dachte* sie, wir seien durchgeknallt. Jetzt denkt sie das nicht mehr. Was sie im Rahmen ihrer Recherchen herausfindet, haut sie um.«

Ich war erstaunt: Diese Journalistin, die aus guten Gründen anonym bleiben möchte, brachte den Mut und die Integrität auf, über die Schmierenkampagnen und den Rufmord hinwegzuschauen und mit offenen Augen weiter nach der Wahrheit zu suchen. Ihr erster Entwurf reichte mir als Inspiration, als Autor zu ihr zu stoßen.

Das heißt aber auch, dass ich dieses Buch niemals als »mein Buch« bezeichnen würde. Das allergrößte Lob für das Buch gebührt den feinen Leuten bei Skyhorse Publishing, Dr. Judy Mikovits, Dr. David Martin und meiner mysteriösen Co-Autorin, die ich vielleicht niemals kennenlernen werde. Genauso dankbar bin ich für mein unglaubliches Rechercheteam, mein mutiges Filmteam und die lange Liste kühner und brillanter Ärzte und Ärztinnen sowie Wissenschaftler und Wissenschaftlerinnen, die mich auf jedem Schritt des Weges leiteten und dafür sorgten, dass die *Plandemic*-Reihe wasserdicht war. Ja, wasserdicht.

Egal, was die Kritiker auch bemängelten: Nicht eine einzige zentrale Behauptung aus einem der *Plandemic*-Filme wurde erfolgreich widerlegt. Kurz nach dem Start von *Indoctornation* habe ich online 10 000 Dollar dafür ausgelobt, eine einzige zentrale Behauptung als falsch zu entlarven. Nachdem ich 6 Monate lang die Herausforderung alle paar Tage erneuerte, ließ ich es schließlich bleiben.

Niemand, kein einziger Kritiker, kein Faktenchecker, kein Arzt war bereit, seinen Worten Taten folgen zu lassen. Daher auch unser Motto: »Zu 100 Prozent zensiert. Zu 0 Prozent entkräftet.«

Okay, werden wir persönlich.

Warum das so ist, weiß ich nicht, aber genau wie Forrest Gump stehe ich häufig im Mittelpunkt historischer Augenblicke. Hier nur einige der Höhepunkte: Ich arbeitete 1992 in South Central Los Angeles mit Jugendlichen aus Problemvierteln, als dort die Unruhen ausbrachen. Sehen Sie sich in den Nachrichtenarchiven an, wie Rodney King seine unvergesslichen Worte »Können wir nicht alle miteinander auskommen?« sagt. Direkt hinter ihm stehe ich und seine Frage verfolgt mich bis heute.

3 Jahre später hatte ich ein spontanes Abendessen mit O.J. Simpson, kurz nachdem er vom Vorwurf des Mordes freigesprochen worden war. Ich war in der Nähe des World Trade Centers an dem Tag, als die Zwillingstürme einstürzten. Nachdem ich 3 Tage lang nach Überlebenden gegraben hatte, war ich ein anderer Mensch. Plötzlich wollte ich nichts mehr mit Hollywood zu tun haben. Nach einer radikalen Kurskorrektur richtete ich fortan meine Kameralinse auf Dinge von Bedeutung. Ich drehte mit der Schauspielerin Shailene Woodley gerade einen Werbespot für den Präsidentschaftskandidaten Bernie Sanders, als die Proteste gegen die Dakota Access Pipeline begannen.

Wir gingen direkt in die erste Reihe und stellten uns mehr als 2 Jahre lang in den Dienst der Menschen von Standing Rock. Ich filmte in der Nähe des Kapitols in Washington, als es am 6. Januar 2021 gestürmt wurde. Mehr dazu später. (Spoiler-Alarm: Warum ich dort war, steht im direkten Gegensatz zu dem, was die Medien verbreiteten.)

Das sind nur einige wenige der Ereignisse, denen ich es verdanke, dass sich mein Verständnis von Schicksal und Glaube erweitert hat. Ich wuchs ohne Religion auf. Keine Kirche. Keine Bibel. Kein Gebet vor dem Abendessen. Unser Gott war Liebe. Als ich auf die Welt kam, war der Mann meiner Mutter bereits seit Längerem tot und sie saß mit drei kleinen Kindern da.

Tief erschüttert darüber, die Liebe ihres Lebens verloren zu haben, und aus Angst, ihre Sozialhilfe einzubüßen, blieb meine Mutter allein. Als ihre drei Kinder in der Pubertät waren oder kurz davor, ermutigte eine Freundin sie, doch wieder öfter auszugehen. Sie gingen in einen örtlichen Nachtclub, wo sie einen attraktiven Matrosen mit durchdringenden blauen Augen kennenlernte. Eines führte zum anderen und meine Mutter war erneut schwanger. Da sie kaum in der Lage war, ihre drei Kinder durchzufüttern und zu versorgen, war ein weiteres Baby das Letzte, was sie brauchen konnte.

Eine Abtreibung brachte sie nicht über sich, stattdessen unternahm sie alles, was möglich war, um eine Fehlgeburt herbeizuführen. Aber sie konnte so viel reiten, wie sie wollte, nichts hinderte mich daran, auf die Welt zu kommen. Meine Großmutter allerdings war keineswegs glücklich darüber, dass ihre Tochter ein uneheliches Kind zur Welt brachte.

Um die Gleichgültigkeit meiner Großmutter zu kompensieren, überschüttete meine Mutter mich mit Liebe. Ich muss zugeben, ich war Mamas kleiner Liebling. Sie war meine beste Freundin. Als ich in der Grundschule war, wurde bei meiner Mutter Krebs diagnostiziert. Sie war in mehr als einer Hinsicht eine Kämpfernatur.

Bei meinem großen Bruder wurde Aids diagnostiziert, als ich noch ein Teenager war. 8 Jahre lang rang er mit seiner Krankheit, bis ein neues Medikament namens AZT ihm wieder Hoffnung schenkte. Auf uns alle wirkte es, als würde das neue Wundermittel mehr Schaden anrichten als Gutes bewirken, aber der Mann, der den Kampf gegen die Aidsepidemie anführte – Doktor Anthony Fauci –, erklärte der Welt, dass AZT unsere einzige Hoffnung sei.

Rasch verschlechterte sich der Gesundheitszustand meines Bruders. Aus der Schwulengemeinde waren mein Bruder und meine Mutter gewarnt worden: Es sei nicht das Virus, das meinen Bruder tötete, sondern die Arznei! Aber wann immer sie den Fernseher einschalteten, stand dort Amerikas Arzt Nummer eins, umgeben von den beliebtesten Stars, und versicherte aller Welt, dass sein Behandlungsprotokoll der einzig mögliche Weg sei.

AZT tötete meinen Bruder am 23. Mai 1994. Unfähig mit der Schuld zu leben, dass sie den Warnungen keinen Glauben geschenkt hatte, ließ meine Mutter zu, dass der Krebs zurückkehrte. Sie starb gerade einmal 34 Tage nach meinem Bruder, am 26. Juni 1994.

Etwas Vergleichbares hatte ich noch nie durchmachen müssen. Mir fehlten die Mittel, meine Gefühle verarbeiten zu können. Genau wie Forrest Gump rannte ich weg! Ich musste weg, weit weg von allem, das Erinnerungen in mir weckte. Ich ging an den Ort, an dem sich Waisen verstecken. Ich mietete mir in Hollywoods Magic Castle Hotel das günstigste Zimmer, das sie hatten. Mir stand der Sinn nicht danach, ein Star zu sein. Ich kam wegen der Familie. Denn da war sie doch, oder? Zumindest schien es so für ein Kind, das mit Sitcoms großgeworden war. Da sich mein Gesamtvermögen auf 1100 Dollar belief, musste ich den erstbesten Job annehmen, der mir angeboten wurde.

Knapp über 1 Jahr lang arbeitete ich in der Werbung als Model. Zum ersten Mal konnte ich nun reisen. Das gefiel mir, aber die

Großspurigkeit der Branche raubte mir rasch alle Illusionen und ich sah mich nach etwas Echtem und Bedeutungsvollerem um, nach etwas mit mehr Sinnhaftigkeit. Also wurde ich Schauspieler in Hollywood. Was soll ich sagen: Ich war jung und naiv.

Ich ging zu Vorsprechen, war aber schlicht nicht gut genug. Mein erster großer Durchbruch kam, als ich eine Einladung erhielt, bei Sanford Meisner zu lernen, dem legendären Vater des Method Acting. Ich konnte es nicht fassen. Ich war doch so ein Grünschnabel! Warum wählte er mich aus? Das war die größte Leistung meines bisherigen Lebens und gab mir Zuversicht in einem Ausmaß, wie ich es bis dahin nicht gekannt hatte.

6 Monate nach Beginn meiner Ausbildung bat mich Sanford – oder »Sandy«, wie sie ihn nannten – im Theater zu bleiben, während alle anderen in die Pause gingen. Er ließ mich am Bühnenrand sitzen und unsere Knie berührten sich fast, während er mir in die Augen blickte. Mein Herz raste. Würde er mich jetzt vor die Tür setzen? Mich für meine harte Arbeit loben?

Er sog gurgelnd Luft durch das Tracheotomie-Loch in seinem Hals ein, dann erklärte er mir, er wolle Sex mit mir. Ich hielt das zunächst für eine Übung, denn ernst konnte er das doch gewiss nicht meinen, so alt und gebrechlich, wie er war. Das war doch bloß ein Test, oder? Ich lächelte ruhig, dann erwiderte ich: »Nein, vielen Dank.«

Er verzog keine Miene. Ich fuhr fort: »Es ist nicht so, als hätte ich Bedenken. Ich bin nur … einfach nicht schwul.« Noch immer keine Regung. Um die unangenehme Stille zu überspielen, sagte ich: »Ich habe keine Probleme mit … du weißt schon … Schwulen. Mein Bruder ist schwul … ich meine … war schwul … Er hatte Aids.«

Nach langem und intensivem Schweigen sagte Sandy schließlich »Okay« und wies mich mit einem Winken der Hand an zu gehen. Mir schwirrte der Kopf und ich war ganz verwirrt, als ich das Theater verließ.

Als wir alle aus der Pause kamen, beorderte Sandy mich auf die Bühne. Ich stand dort einen Augenblick in völliger Stille. Mit seinem Stock zog er seinen sterbenden Körper hoch, dann richtete er diesen zornigen Stock auf mich und knurrte: »Du hast auf der Bühne nichts zu suchen! Verschwinde hier! Sofort!«

Ich entwickelte daraufhin eine Lesestörung, wodurch meine Leistungen beim Vorsprechen noch schlimmer wurden. Das war's für mich als Schauspieler. Wie geht der Spruch noch? »Kann man es nicht selbst, unterrichtet man andere darin.« Also begann ich, Kleinkinder in Schauspiel zu unterrichten. Na schön, es war eigentlich mehr wie eine Tagesstätte, aber ich liebte es! Ich fand es großartig, mit den Kindern zu arbeiten.

Das Unterrichten führte dazu, dass ich bei Einaktern die Regie übernahm. Ich wurde das jüngste Mitglied des Playwrights Kitchen Ensembles (PKE), wo mich Legenden der Bühne und der Leinwand unter ihre Fittiche nahmen. Das PKE war eine Erfindung des Hollywood-Moguls Steve Tisch, der neben zahlreichen weiteren Klassikern ironischerweise auch *Forrest Gump* produziert hatte.

Meine Liebe zum Theater brachte mich dazu, in North Hollywood mein eigenes Schauspielhaus aufzubauen, wo ich meine Fähigkeiten als Autor und Regisseur verfeinerte. Ich war begierig darauf, hinter der Kamera zu stehen, und kratzte ein paar Tausend Dollar zusammen, um praktisch ohne Budget mein erstes Mockumentary namens *Shoeshine Boys* zu drehen. Zu meiner Überraschung entwickelte sich dieser kleine Film zu einem Underground-Hit, der bei diversen Filmfestivals mit Preisen ausgezeichnet wurde.

2001 flog ich nach New York, weil ich mich dort mit einem potenziellen Verleiher treffen wollte. Ich lebte meinen Traum. Ich verhandelte über den Vertrieb meines ersten Films, aber nicht nur das: Ich verdiente auch Tausende Dollar täglich als Modefotograf und als Regisseur spanischsprachiger Musikvideos. Aber all das änderte sich am 11. September 2001.

An dem Morgen, als die Flugzeuge einschlugen, schlief ich bei einem Freund in Midtown auf dem Sofa. Mein Kumpel und ich brachen sofort zum Ort des Geschehens auf, wo wir 3 Tage lang nach Überlebenden suchten. Das war mein Weckruf.

Als ich da auf den Trümmern des World Trade Centers stand und auf die verstreuten Leichenteile hinunterblickte, geschah etwas mit mir. Etwas Mystisches. Ich konnte spüren, wie sich die Augen der ganzen Welt auf diesen einen Ort richteten. Der Planet schrumpfte. Nichts war mehr weit weg. Ich konnte buchstäblich die Anwesenheit jedes einzelnen Lebewesens spüren. Ich spürte unseren gemeinsamen Schmerz. Unsere Furcht. Unseren Wunsch, zu leben und zu lieben.

Eine Lautsprecherdurchsage zerstörte diesen Augenblick: Alle Helfer sollten ihre Maschinen abstellen, ihre Arbeit unterbrechen und zuhören. Man erklärte uns, dass der Staub, den wir einatmeten, mit extrem tödlichen Giftstoffen verseucht war. Alle, die nicht über eine geeignete Atemschutzmaske verfügten, sollten bitte die Gegend verlassen. Nicht ein Mann, nicht eine Frau ging weg.

Der Sprecher beschönigte nichts: »Was ihr da einatmet, wird euch früher oder später umbringen!«

Die Helfer sahen sich um, um zu sehen, ob irgendjemand den guten Rat annahm. Die ersten schweren Geräte sprangen wieder an und alle gingen zurück an die Arbeit. Kein Mensch ging. Ich stand da, den Blick voller Tränen, und sagte zu mir selbst: »Das ist es, was wir sind. Das ist es, was wir sind.«

Alle waren bereit, ihr Leben für die stetig schwindende Chance zu riskieren, einen wildfremden Menschen zu retten. Ein derartiges Maß an Selbstlosigkeit hatte ich noch nie zuvor erlebt. Danach begann ich die Menschen in einem neuen, helleren Licht zu sehen. All meine materiellen Ziele fühlten sich auf einen Schlag belanglos an. Ich konnte mir unmöglich vorstellen, nach Hollywood zurückzukehren und meine Arbeit dort fortzusetzen. Wie konnte ich jetzt noch Regie führen bei einem weiteren Werbespot für ein Produkt, das unsere Menschen und unseren Planeten vergiftet? Wie konnte ich jetzt noch Regie führen bei einem weiteren Musikvideo, bei dem das Ego vergöttert wurde und Frauen austauschbare Requisiten waren? Meine Karriere war vorbei.

Ich kehrte nach Kalifornien zurück, lagerte meinen gesamten Besitz ein und zog dann in die Gästehütte eines Freundes im Napa Valley. Und dennoch konnte ich der Schwerkraft Hollywoods nicht entkommen, sie schlug mich wieder in ihren Bann.

Ich erhielt das Angebot, das Drehbuch für den Nachfolger des 1960er-Jahre-Kultfilms *Easy Rider* zu schreiben und bei der Verfilmung auch Regie zu führen. Als ehemaliger Motocross-Fahrer und Liebhaber von Zweirädern aller Art konnte ich ein derartiges Angebot selbstverständlich nicht ablehnen. Ich unterzeichnete den Vertrag und schrieb das Drehbuch, aber kurz vor Beginn der Dreharbeiten warf ich das Handtuch. Ich konnte einfach nicht. Nicht nur, weil es von Anfang an eine schlechte Idee gewesen war, sondern weil ich jetzt wieder in ebenjenem Irrgarten steckte, aus dem ich doch gerade erst entkommen war. Ich wollte das nicht ein weiteres Mal durchmachen.

Ich verzichtete auf einen Scheck über 400 000 Dollar und habe es nie bereut. Sollte ich auch weiterhin als Filmemacher tätig sein, dann einzig und allein zu meinen Bedingungen. Meine neu erworbene Klarheit und der Wille, wahrhaftig zu leben, bereiteten mich darauf vor, die Liebe meines Lebens kennenzulernen. Nadia und ich verliebten uns 2003, die Hochzeit fand 2009 statt. Gemeinsam riefen wir das Elevate Film Festival ins Leben, das weltgrößte Filmfestival mit nur einer einzigen Leinwand. Nach einer 3-jährigen Tour beschlossen wir, das Festival in eine Filmproduktion zu verwandeln, die sich der Förderung des menschlichen Bewusstseins widmet.

Im Juli 2011 setzten bei Nadia die Wehen ein. Unseren Plan einer Hausgeburt mussten wir aufgrund von ernsten Komplikationen verwerfen. Wir rasten ins Krankenhaus, wo bei Nadia notfallmäßig ein Kaiserschnitt durchgeführt wurde. Nach enormen Anstrengungen zog man einen kleinen, blau angelaufenen Körper aus ihrem Bauch. Kein Weinen. Kein Atmen. Die Ärzte platzierten unseren leblosen Sohn auf einem kalten Gerät und begannen, hektisch um sein Leben zu kämpfen. Zum Glück konnte Nadia nicht sehen, was ich mit ansah. »Ist alles in Ordnung?«, fragte sie.

Es war das erste und einzige Mal, das ich meine Frau belogen habe: »Ja, Liebes, alles ist gut.« Sie lächelte und ihre wunderschönen Grübchen traten hervor. Ich rang mir ein Lächeln ab, dann verfolgte ich weiter das Drama, das sich auf der anderen Seite des Raums abspielte. Die Maschine machte jetzt ein Geräusch, das ich niemals vergessen werde. Den Klang des Todes. Der Gesichtsausdruck der Krankenschwester sagte alles. Sie bemühte sich nach Kräften, mir voller Zuversicht zuzulächeln, dann postierte sie sich so, dass ich nicht sehen konnte, wie die Ärzte meinem Baby etwas zum Absaugen in den Hals schoben.

Ich schloss die Augen und begann zu beten. Da ich nicht viel Erfahrung mit Gebeten hatte, wusste ich nicht so recht, an wen ich mich dabei wenden sollte. Vater? Mutter? Gott? Buddha? Krishna? Christus? So viel stand auf dem Spiel, dass ich zu ihnen allen betete. Ich betete mit ganzer Kraft. Es funktionierte nicht. Ich begann zu betteln. Ich machte Versprechungen an alle und alles, was mich vielleicht hören konnte. Nadia fragte: »Bist du sicher, dass alles in Ordnung ist?« Ich konnte nicht noch einmal lügen. Ich nahm ihr Gesicht in meine Hände und ließ sie mit meinem Blick die Wahrheit spüren. Mit brechender Stimme fragte sie: »Was ist denn? Schatz, was stimmt nicht?« Ich schloss erneut die Augen. Dieses Mal machte ich ein Angebot.

Ich sagte: »Bitte, Gott, lass dieses Baby atmen und ich schwöre dir hier und jetzt, dass ich den Rest meines Lebens diesem Kind und all deinen Kindern widmen werde.« Genau in diesem Augenblick begann ein schwaches Stimmchen zu schreien. Einer der Ärzte rief: »Genau das wollen wir hören! Das wollen wir von dir hören, kleines Kerlchen!« Die Maschine hörte auf, dieses furchtbare Geräusch zu machen. Offensichtlich von ihren Emotionen übermannt lächelte die Krankenschwester breit und sagte: »Hier ist Ihr Baby.«

»Das ist unser Baby?«, wiederholte Nadia. Ich nickte und sagte: »Das ist unser Baby.« Wir weinten zusammen. Das war der Tag, an dem ich lernte zu beten.

Während ich schreibe, bin ich mir des Risikos voll bewusst, das ich eingehe, wenn ich eine so persönliche Geschichte erzähle. Ich bin mir des Misstrauens und des Zynismus bewusst, die derzeit unser Land und unsere Welt plagen. Ich gehe davon aus, dass einige Leser das, was ich damit verdeutlichen wollte, und meine Beweggründe völlig missverstehen werden. In keinster Weise sehe ich mich als irgendeine Art Held oder Märtyrer. Mir geht es nicht um Mitleid oder Lob. Ich habe kein Interesse daran, jemandes Akzeptanz zu gewinnen. Ich habe mich entschlossen, diese Geschichten zu teilen, weil ich möchte, dass Sie die Wahrheit erfahren. Ich möchte, dass Sie die wahren Gründe kennen, warum ich den Sprung machte aus einer lukrativen und sicheren Karriere, um einen Film wie *Plandemic* zu produzieren. Anders als es in den gängigen Medien dargestellt wird, habe ich keinerlei Interesse daran, berühmt zu werden. Warum sollte jemand in diesem Zeitalter der Cancel Culture nach etwas derart Brüchigem und Toxischem streben? Und wenn es mir tatsächlich um Geld gegangen wäre, hätte ich das millionenschwere Angebot angenommen und mich aus dem Staub gemacht.

Die Medienkonzerne möchten Sie auch glauben machen, dass ich ein Radikaler der extremen Rechten bin. Dass ich bis vor Kurzem politisch so weit links stand, wie es nur ging, ohne über die Klippe zu fallen, störte sie dabei nicht im Geringsten. Nachdem ich einige Jahre lang hinter die Kulissen der Politik schauen konnte, fühle ich mich derzeit keiner politischen Richtung zugehörig. Ich habe das Drumherum der Identitätspolitik aus nächster Nähe erlebt und gelernt, politische Ziele anstelle von Persönlichkeiten zu wählen.

Ich bin auch kein »QAnon-Anhänger«. Tatsächlich habe ich bis heute noch nicht einen einzigen »Q-Drop« gesehen, wie die es nennen. Der Grund dafür ist einfach: Als jemand, der professionelle Recherche betreibt, achte ich einzig auf Informationen, die sich durch verifizierte Quellen bestätigen lassen. Zu den Mitgliedern dieser Bewegung habe ich keine Meinung. Die wenigen QAnon-Anhänger, die ich kennenlernen durfte, waren wirklich gute Menschen. Das ist es, was für mich zählt.

Bei all den Bemühungen, uns zu entmenschlichen und zu spalten, weigere ich mich, dieses zum Scheitern verurteilte Spiel mitzuspielen. Meine Arbeit als Interviewer hat mich gelehrt, wie wichtig es ist zuzuhören. In uns allen steckt eine Geschichte. Den Geschichten der anderen zuzuhören, bedeutet, sich als Menschen wieder miteinander zu verbinden. Verbindung ist lebenswichtig. Ich hoffe, die Geschichten in diesem Buch führen dazu, dass Sie besser mit sich selbst, Ihren Liebsten und der gesamten Menschheit verbinden.

Mikki Willis

Prolog

*»Unser Leben
endet mit dem Tag,
an dem wir über
wichtige Dinge
schweigen.«*

Martin Luther King Jr.

New York
April 2021

Dieses Buch hätte niemals geschrieben werden dürfen.

Alles, was auf den nächsten Seiten beschrieben wird, hätte verhindert werden können. Sie werden im Verlauf der Lektüre die entscheidenden Punkte erkennen, an denen eine andere Entscheidung den weiteren Verlauf der Menschheitsgeschichte verändert hätte und Hunderttausende Leben hätten gerettet werden können.

Aber wirklich: Dieses Buch hätte nie geschrieben werden dürfen, denn ich hätte es niemals schreiben sollen. In den fast vier Jahrzehnten, die ich auf diesem Planeten lebe, hatte ich kaum je Anlass dazu, das medizinische Establishment in Frage zu stellen.

Ich habe die Empfehlungen der Food & Drug Administration (FDA) befolgt und den Kopf geschüttelt, was die »Impfgegner« anging. Als es bei dem Thema mehr um ein politisches Glaubensbekenntnis ging, konnte ich ohne zu zögern erklären, dass ich an die Wissenschaft (und Frauen, was das betrifft) glaubte. Ich hatte noch nie, nicht ein einziges Mal, Republikaner gewählt. Kurzum: Als das erste *Plandemic*-Video in meinen Social-Media-Feeds auftauchte, wandte ich den Blick ab und scrollte weiter. Diese Art Weltsicht war mir nicht sympathisch. Dachte ich zumindest.

Vielleicht ist das für den einen oder anderen von Ihnen bereits Grund genug, den Rest dessen zu ignorieren, was ich zu sagen habe. Die Welt ist dermaßen politisch aufgeladen und gespalten, dass bestimmte Wörter und Phrasen wie Trigger fungieren und jede Art von offenem Gespräch oder kritischer Nachfrage komplett verhindern. »Impfstoff« ist so ein Wort. »Demokrat« oder »Republikaner« auch. »Yes We Can«. »Make America Great Again«. Waffen. Wissenschaft. »Black Lives Matter«. »Believe All Women«. »Blue Lives Matter«. »Nicht mein Präsident«. Schurke. Manipuliert. Gestohlen. Lügner. Gibt es noch irgendjemanden, der das liest und bei keinem einzigen Punkt nicht zumindest ein wenig zusammengezuckt ist?

Doch bei allen Misstönen in unserer Nation findet sich unter all der Worte, mit denen wir versuchen, die Welt um uns herum zu verstehen, ein Fundament unerschütterlicher Fakten. (Und ich spreche nicht von alternativen Fakten.) Ich war mein Leben lang ein investigativ arbeitender Journalist, insofern ist es meine Leidenschaft und meine Pflicht, diese Fakten aufzudecken. Vor allem dann, wenn jemand daran interessiert ist, sie vor unserem Blick verborgen zu halten.

Weil auch die Begriffe »Journalist«, »Nachrichten« und »Fakten« heutzutage triggern können, möchte ich hinzufügen, dass ich niemals engagiertes Mitglied dessen war, was das eine oder andere politische Lager als »Mainstreammedien« bezeichnen würde. Meine Bücher sind bei Ihrem Buchhändler um die Ecke erhältlich und möglicherweise haben Sie auf der Titelseite Ihrer Tageszeitung auch schon einen Artikel von mir gelesen. Darüber hinaus habe ich es geschafft, vergleichsweise unabhängig zu bleiben. Ich bin zum jetzigen Zeitpunkt meiner beruflichen Karriere niemandem Rechenschaft schuldig, deshalb sind meine jüngsten Arbeiten größtenteils unbelastet von den Zwängen, den Geld, Politik und mächtige Unternehmen mit sich bringen können. Mein Motto habe ich mir beim guten alten George Orwell abgeschaut: »Journalismus bedeutet zu drucken, was jemand nicht gedruckt sehen möchte. Alles andere ist Public Relations.«

Aus diesem Grund begannen meine Alarmglocken zu schrillen, während die Pandemie uns durch das Jahr 2020 begleitete. Wenn es um die »Wahrheit« ging, nahmen die Fälle von offenkundiger Doppelzüngigkeit, von Zurückrudern und Kehrtwenden immer weiter zu. Weil ich die Reporter bei anderen Medien kannte (zum Teil persönlich), war mir auch klar, dass der Großteil von ihnen zu faul sein würde, um mehr zu tun, als wiederzukäuen, was immer ihnen auf Twitter oder in den Nachrichtentickern vorgesetzt wurde. Also startete ich meine eigene Recherche. Ich hoffte zu begreifen, warum es den Anschein hatte, als würde die Welt um uns herum in sich zusammenfallen.

Es war unvermeidbar, dass ich es im Verlauf meiner Recherchen auch mit *Plandemic* zu tun bekommen würde – und sei es einzig als kulturelles Artefakt, von dem ich annahm, es werde sich leicht widerlegen lassen. Ich war überzeugt, es werde sich um ein weiteres Beispiel für eine wahrheitsfeindliche, wissenschaftsfeindliche, hochgradig politisch aufgeladene Reaktion auf die Pandemie handeln. Ich tauchte ein in das Thema – und stellte fest, dass ich falsch lag. Es fiel mir schwer, irgendetwas zu finden, bei dem die *Plandemic*-Macher schlichtweg falsch lagen. Ich las die schlechten Kritiken, las auch zwischen den Zeilen und erkannte, dass den Kritikern in erster Linie die Botschaft nicht gefiel. Beweise dafür, dass es sich bei den Behauptungen im Film um Lügen handelt, lieferten sie keine.

Meine Neugier war geweckt: Wie hatten die Macher von *Plandemic* (sowohl für Teil eins als auch für den Nachfolger *Plandemic: Indoctornation*) einen Film erschaffen können, der zugleich dermaßen explosiv kontrovers wie hartnäckig geradlinig war? Wie wurde er zu einem derartigen Kulturphänomen, und was besagte das über die menschliche Erfahrung der Covid-19-Pandemie? Um Antworten darauf zu finden, kontaktierte ich die Macher.

Wenn Sie dieses Buch in Händen halten, glauben Sie vielleicht, die Antwort zu kennen, und möglicherweise haben Sie auch eine Meinung zu dem Film – selbst dann, wenn Sie ihn nie gesehen haben. Ganz egal, was Sie denken, ich habe dieselbe Bitte an alle: Versuchen Sie, möglichst aufgeschlossen zu bleiben und wenn eine Schranke in Ihrem Kopf runtergeht, machen Sie sich bewusst, dass Sie vermutlich getriggert wurden.

Für die meisten Menschen war Covid-19 die folgenreichste Erfahrung ihres Lebens. Wir sind es uns selbst ebenso schuldig wie den Millionen Menschen, die daran gestorben sind, und den folgenden Generationen, herauszufinden, was geschehen ist – und ob es wirklich auf diese Weise hätte passieren müssen. Wenn Sie mich fragen ... nein, hätte es nicht.

Während die Lockdowns aufgehoben werden und die Fallzahlen zurückgehen, ist die Versuchung groß, einen Strich unter die ganze Sache zu ziehen und zu vergessen, was da überhaupt geschehen ist. Aber solange wir nicht dazu bereit sind, uns der Wahrheit dessen zu stellen, was wir alles erlebt haben, werden wir die Schrecken der vergangenen Zeit nicht abschütteln können. Sie werden vielmehr einen Anfang darstellen. Ob ich davon überzeugt bin, dass wir aus dieser gewaltigen menschlichen Tragödie lernen und in ein besseres Zeitalter aufbrechen können? Nein, da bin ich mir nicht so sicher. Aus diesem Grund finden Sie meinen Namen nicht auf dem Cover oder auf den Innenseiten dieses Buchs. Das liegt nicht daran, dass ich nicht zu dem stehe, was ich berichtet und geschrieben habe. Ich stehe dazu und tue das voller Stolz. Dass ich – zumindest für diese Ausgabe – anonym schreibe, hängt damit zusammen, dass ich nicht bereit bin, meine Sicherheit, meine Karriere und meine Familie durch die Meinung anderer Leute aufs Spiel zu setzen.

Es wird Menschen geben, die dieses Buch objektiv lesen und es auf der Grundlage seiner Fakten und Argumente beurteilen werden. Es gibt aber auch andere Menschen, die vielleicht nur einige wenige Seiten gelesen haben und nun bereits ihre Bewertung für Amazon verfassen. Ein Stern oder fünf Sterne – egal. Ich bin nicht bereit, mich dem Urteil von Menschen zu stellen, die mich auf der Grundlage von etwas anderem als den Fakten beurteilen.

Warum ich mir dann überhaupt die Mühe mache, dieses Buch zu schreiben? Ich bin nicht bereit, mich von der Kraft abzuwenden, die es entwickeln kann, wenn ein Mensch einem anderen Menschen eine Geschichte erzählt. Auf diese Weise ist diese großartige internationale Gesellschaft entstanden und wir werden letztlich darauf zurückgreifen müssen, wollen wir überhaupt eine Chance haben, die Risse in unserem Land und in der Welt zu kitten.

Ich möchte Sie also bitten: Wenn Sie dieses Buch lesen, hören Sie hin. Hören Sie mit Ihrem Herzen und Ihrem Geist hin. Wenn sich im Anschluss Ihre Meinung zu Covid-19 nicht im Geringsten verändert hat und Sie das Gefühl haben, Sie hätten überhaupt nichts gelernt und Ihre Sichtweise hätte sich kein Stück verändert, dann nur zu, schreiben Sie auf jeden Fall diese Ein-Stern-Bewertung. Wenn Sie allerdings die letzte Seite umblättern und feststellen, dass Sie sich verändert haben, dann behalten Sie das bitte nicht für sich. Erzählen Sie anderen diese Geschichte. Es ist eine Geschichte über Tragödien, Verschwörung und Tod, aber es geht auch sehr viel um Hoffnung, Freude und Optimismus, was die Möglichkeiten der menschlichen Erfahrung angeht. Und diese Geschichte beginnt jetzt.

Kapitel 1

Die Anfänge

*»Ich glaube fest an die Menschen.
Erzählt man ihnen die Wahrheit,
kann man sich darauf verlassen,
dass sie jede nationale Krise meistern
werden. Wichtig dabei ist, ihnen die
wirklichen Fakten zu geben.«*

Abraham Lincoln

Xiaohongsan | China
Das Virologische Institut Wuhan
Dezember 2019

Wissenschaftler in Schutzanzügen bewegten sich ruhig unter den Halogenlampen in dem großen Betongebäude, in dem das Virologische Institut Wuhan untergebracht war. Weiße Raumanzüge. Riesige grüne Handschuhe. Weiße Plastikstiefel, wie sie ein Kind anziehen würde, um damit in Pfützen herumzuspringen. Alles in allem hatte der Anblick etwas Komisches an sich … bis man sich verdeutlicht, dass das Labor gefüllt ist mit tödlichen Krankheitserregern. Die Forscher waren an die Atmosphäre der Furcht gewöhnt, die die Anlage durchdrang. Jeden Tag hantierten sie mit unsichtbaren Partikeln, von denen ein einziger ausreichen würde, eine ganze Stadt auszulöschen. Und eine ganze Stadt hatten sie direkt vor der Tür, sogar eine Großstadt mit 11 Millionen Menschen. Die Verantwortung, die auf diesen Forschern lastete, war gewaltig – und einige waren der Aufgabe nicht gewachsen.

Zu Beginn der 2000er-Jahre lernte die Welt SARS kennen. 2012 folgte die Meldung von einem weiteren Coronavirusausbruch (dieses Virus wurde nach seinem englischen Namen Middle East Respiratory Syndrome als MERS bezeichnet). Aber während die Welt von einem Virus abgelenkt war, das mit Kamelen in Verbindung gebracht wird, bekamen nur wenige Menschen mit, dass 2013 in China ein potenziell tödlicher SARS-Stamm entdeckt wurde. Dieses Pathogen – es trägt nach dem Virologischen Institut Wuhan den Codenamen WIV1 – erregte wenig Aufsehen, außer bei amerikanischen und chinesischen Forschern, die mit Fördermitteln der von Dr. Anthony Fauci geleiteten amerikanischen Behörde NIAID (National Institute for Allergy and Infectious Diseases) arbeiteten. 2015 stellten Dr. Ralph Baric von der Universität North Carolina und Dr. Zhengli Shi aus Wuhan ihre Forschungsergebnisse vor und kamen dabei zu dem unheilvollen Schluss, das Wuhan-Coronavirus stehe kurz davor, beim Menschen aufzutreten.

Wuhan schien dafür besonders gut geeignet. Bereits 2016 hatten amerikanische Wissenschaftler festgestellt, dass China unter einem »Mangel an Beamten, Fachleuten und Wissenschaftlern« litt, »die auf die Biosicherheit von Laboren spezialisiert sind«. Die Hauptsorge: Die laschen Sicherheitsprotokolle könnten dazu führen, dass sich Labormitarbeiter versehentlich infizierten und dann ungewollt seltene Krankheiten in ihre Umgebung hinaustrugen. Doch die Führung des Landes schien mehr daran interessiert, die biomedizinische Forschung immer weiter voranzutreiben.

Als das Virologische Institut Wuhan offiziell 2017 eröffnete, warnten Wissenschaftler aus aller Welt, dass in dem 44 Millionen Dollar teuren Labor Katastrophen vorprogrammiert seien. Das SARS-Virus war wiederholt aus einem großen Labor in Peking entwichen, und obwohl die chinesische Regierung für Wuhan beispiellose Sicherheitsmaßnahmen versprochen hatte, war die Gefahr für den Rest der Welt naheliegend: In Wuhan sollten über 1500 Virusstämme eingelagert werden. Könnte ein tödliches Virus den Wissenschaftlern genau vor ihrer Nase entwischen?

Die ersten Eindrücke waren nicht sonderlich vielversprechend. Laut US-Außenministerium registrierte die amerikanische Botschaft in Peking Anfang 2018 mindestens zwei offizielle Warnungen bezüglich unzureichender Sicherheitsmaßnahmen in dem Labor. Doch nicht nur die Amerikaner schlugen Alarm. Chinesische

Medien sind traditionell bekannt dafür, Fehlschläge bei staatlichen Projekten bestenfalls sehr zögerlich einzuräumen, aber selbst die propagandistische Landespresse meldete, dass bei Sicherheitsüberprüfungen des Labors in Wuhan mehrere Mängel und Unfälle festgestellt worden waren.

Speziell eine Sicherheitsprüfung kam zu dem Schluss, dass das Labor gleich in mehreren Kategorien nicht den nationalen Standards entsprach. Besonders bemängelt wurde der Umgang mit Fledermäusen, die man gefangen hatte, um die Coronaviren zu studieren, die diese Tiere in sich tragen. Forscher räumten gegenüber den Ermittlern ein, dass es Fledermausangriffe gegeben habe, bei denen man über die Haut in Kontakt mit Blut oder Urin der Fledermäuse gekommen sei. Diese Art Kontakt zwischen Fledermaus und Mensch war genau die Art Interaktion, die die Außenwelt befürchtet hatte. Selbst ein weniger auffälliger Kontakt zwischen einer Fledermaus und einem anderen Labortier könnte eine Kettenreaktion der Infektionen nach sich ziehen, die möglicherweise die ganze Welt lahmlegen könnte.

Doch obwohl in den USA ein Moratorium derartige Forschung weitgehend untersagte, pumpte die amerikanische Gesundheitsbehörde National Institutes of Health (NIH) weiterhin Geld nach Wuhan, damit man dort Coronaviren in Fledermäusen untersucht. Noch beunruhigender war, dass die Studie Forschung an Verfahren finanzierte, die aus Fledermäusen gewonnene Coronaviren für den Menschen tödlicher machen. Bis April 2020 flossen Fördermittel der NIH an die EcoHealth Alliance, die wiederum Forschung in Wuhan finanzierte. Das war kein Zufall.

1999 gab das National Institute for Allergy and Infectious Diseases (NIAID) unter der Führung von Dr. Anthony Fauci erstmals

Fördermittel für die Forschung an rekombinanten Coronaviren. Das ausdrückliche Ziel war es, »infektiöse, replikationsdefekte Coronaviren« zu erschaffen. Anders formuliert: Sie wollten Coronaviren als Technologie nutzen, die ohne hohes Übertragungsrisiko Menschen infizieren konnte. Diese Arbeit wurde an der University of North Carolina Chapel Hill durchgeführt und führte zu US-Patent Nummer 7.279.327: »Methoden für die Produktion rekombinanter Coronaviren«. Der Antrag wurde 2002 gestellt, also bevor das schwere akute Atemwegssyndrom (Severe Acute Respiratory Syndrome, SARS) aufkam.

Viel Geld ist in die Forschung an Coronaviren geflossen, weil das leicht manipulierbare Virus sowohl in der Medizin als auch als Biowaffe eingesetzt werden könnte. Die amerikanische Seuchenschutzbehörde Centers for Disease Control and Prevention (CDC) beeilte sich, die Gensequenz des Coronavirus selbst patentieren zu lassen. Natürlich auftretende Phänomene dürfen nicht unter Patentschutz gestellt werden, aber jede wissenschaftliche Methode zur Untersuchung eines dieser Phänomene kann patentiert werden. Die Patentierung des Coronavirus bedeutete, dass die CDC künftige Studien – und künftige Impfstoffe – kontrollieren konnte. Nimmt man die Zahl der Coronavirus-Patente, die Ende der 1990er-Jahre beantragt wurden, als Maßstab, sah man offenbar eine sehr erfolgreiche – und potenziell rentable – Zukunft für diese Virusfamilie aufziehen.

All das dürfte im Dezember 2019 im Hinterkopf von Yanyi Wang herumgewirbelt sein. Eine unerklärliche Welle von Lungenentzündungen breitete sich seit Wochen wie ein Flächenbrand im Großraum Wuhan aus, und die Ärzte hatten ein Coronavirus als den Schuldigen ausgemacht. Laborleiterin Wang und ihr Team hatten den Auftrag herauszufinden, ob es sich um einen Corona-

virus-Stamm handelte, der nach längerer Abwesenheit wieder auf-
getreten war, oder ob es sich doch um etwas Neues – und damit
deutlich Gefährlicheres – handelte.

Die ersten Ergebnisse ihrer Nachforschungen waren beunruhigend: Das Virus wies eine 96-prozentige genetische Überein-
stimmung zu einem Coronavirus-Stamm auf, den man vor knapp
20 Jahren aus Fledermäusen isoliert hatte. Der Rest allerdings
schien etwas völlig Neuartiges zu sein.

Virusproben angeblicher Patienten trafen am 30. Dezember 2019
in Wuhan ein und am 2. Januar 2020 hatte das Labor die Gen-
sequenzierung des Virus abgeschlossen. Am 11. Januar wurde die
Weltgesundheitsorganisation WHO über das neuartige Coronavirus in Kenntnis gesetzt. Laut einem *Statnews*-Bericht vom
11. Januar meldeten die chinesischen Staatsmedien an diesem Tag
auch das erste offizielle Todesopfer durch das Virus.[2]

Am 9. Juli 2021 meldete die Organic Consumers Association, ein
Interessenverband der Öko-Branche, dass Dr. Ralph Baric, NIAID
und Moderna am 12. Dezember 2019, also Wochen vor der Iso-
lierung des »Pathogens«, eine Materialübertragungsvereinbarung
geschlossen haben.[3]

Laborleiterin Wang und der Rest der Welt wussten nun, womit
sie es zu tun hatten. Aber woher kam das Virus, und wie begann
es, Menschen zu infizieren? Diese Fragen waren möglicherweise
weniger wichtig als die Frage, ob man es noch aufhalten konnte.

Ojai | Kalifornien

Kaum ein Ort könnte weiter von einem chinesischen Labor zur Erforschung von Coronaviren entfernt sein als die verschlafene Gebirgsstadt Ojai in Kalifornien. Ungefähr anderthalb Fahrstunden von Los Angeles entfernt, liegt Ojai weitab vom geschäftigen Treiben Hollywoods. Wer nach Ojai möchte, hat eine langsame Fahrt durch kurvenreiche Gebirgsstraßen vor sich und muss – auch im buchstäblichen Sinn – einen Gang herunterschalten. Man fährt unter jahrhundertealten Bäumen hindurch, die natürliche Bogentore bilden, biegt um eine Kurve und es öffnet sich der Blick auf in der Sonne glitzernde Seen. Höfe fügen sich idyllisch in das Grün ein, dann taucht scheinbar aus dem Nichts mitten im Wald eine kleine Stadt auf.

Die enge, einzige Einkaufsstraße der Stadt ist mit Lehmhäusern im spanischen Adobe-Stil gesäumt, vor denen Holzschilder baumeln. Man findet hier vegane Restaurants, Cafés, Steuerberater, Anwälte und Designstudios friedlich nebeneinander. In einer kleinen Nebenstraße lag im obersten Stockwerk eines dunklen und unauffälligen Bürogebäudes der Firmensitz von Elevate Productions. Elevate war das geistige Produkt von Mikki Willis, seiner Frau, der Produzentin Nadia Salamanca, und einem internationalen Team. Die Entstehungsgeschichte von Elevate war sehr holprig verlaufen für Mikki, der wenige Jahre zuvor den Tod seines Bruders und seiner Mutter hatte verwinden müssen, bevor er sich zufällig am 11. September 2001 in den Trümmern des World Trade Centers wiederfand.

Andere Menschen wären möglicherweise verbittert, nach dem, was er hatte durchmachen müssen, aber Mikki fand aufgrund seiner Erfahrungen zu einem tiefen Gefühl der Verbundenheit und der Sinnhaftigkeit. Es frustrierte ihn, dass die Nachrichtenmedien scheinbar kein Interesse hatten, die positiven Geschichten zu erzählen, wie beispielsweise wildfremde Menschen bei den Rettungsbemühungen vom 9/11 großartig zusammengearbeitet hatten. Die Medien schienen sich einzig auf Tragödien und die Geschichten von Terror verlegen zu wollen, was Mikki dazu brachte, seine vielversprechende Karriere als gefragter Hollywoodregisseur aufzugeben, um Geschichten vom Guten im Leben erzählen zu können – und um andere dazu zu ermutigen, es ihm gleichzutun.

»Vor meinen Erlebnissen am World Trade Center strebte ich nach all den materiellen Fetischen, von denen man uns eingebläut hat, sie seien ein Symbol von Erfolg. All das Zeug, wonach man in Hollywood strebt«, erklärte mir Mikki in einem Interview. »Aber da war ich … ich stand auf den Trümmern dessen, was nur Augenblicke zuvor noch ein internationales Symbol der Macht gewesen war … ich sah, wie exotische Autos von den Rettungsfahrzeugen herumgewirbelt und plattgewalzt wurden, während um mich herum Leichenteile verstreut lagen. Meine Lebensziele fühlten sich auf einen Schlag unbedeutend an.«

»Es war eine Art Erweckung für mich«, sagte Mikki weiter. »Ich konnte die Arbeit, die ich zuvor gemacht hatte, nicht länger machen. Ich lebte den Traum eines anderen. Wollte ich ›im Geschäft‹ bleiben, musste ich etwas Sinnhafteres tun.«

Daraus erwuchs 2005 das, was später als Elevate Film Festival firmieren würde. »Es war mehr eine Art Guerilla-Filmwettbewerb als ein herkömmliches Filmfestival«, sagte Mikki. »Ziel des Projekts war es, Filmschaffende aus aller Welt herauszufordern, in kürzester Zeit einen Kurzfilm zu produzieren. Wir gaben allen Filmschaffenden ein kleines Budget und schickten sie dann in die Welt hinaus, Geschichten zu finden, die den menschlichen Geist beflügeln würden.«

»Wir waren all die negativen Nachrichten und depressiv machenden Narrative leid, unser Ziel war es, Künstler und Geschichtenerzähler zu inspirieren, sich auf die positive Seite der Menschheit zu konzentrieren – auf all die Innovatoren und Innovatorinnen, die Helden und Heldinnen und die großartigen Dinge, die sich rund um die Welt zutragen.« Was als kleines Treffen in einem örtlichen Yogastudio begann, entwickelte sich rasch zu einer Veranstaltung, die bis zu 6000 Menschen anlockte und Orte wie das Nokia Theater in Los Angeles füllte. Mikki war der Leiter des Festivals, insofern kam ihm die Aufgabe zu, jeden einzelnen Filmauftrag zu entwickeln. Einer dieser Filmaufträge war eine Dokumentation über urbane Landwirtschaft. »Die meisten Farmer waren Einwanderer – einige legal, andere nicht – und sie hatten mitten in den industrielastigsten Gebieten von South Central Los Angeles einen wunderbaren Garten geschaffen. Sie hatten einen Betondschungel in eine unglaubliche Oase verwandelt, in der sie Biolebensmittel züchteten und verkauften, von denen die gesamte Gemeinschaft etwas hatte«, erklärte er.

Gerade als die Gärten in voller Blüte standen, beschloss der Eigentümer des Landes, ein Immobilienmogul, den gesamten Straßenzug zu verkaufen. »Wir produzierten einen Kurzfilm namens *South Central Farmers* und gingen damit überall hausieren, um für Aufmerksamkeit zu sorgen. Über Nacht tauchten die Medien und Tausende Leute auf, um sich mit den Farmern und den Familien, deren Überleben von den Gärten abhing, solidarisch zu zeigen. Es war das erste Mal, dass ich einen Medieninhalt produziert hatte,

der Menschen dazu brachte, richtig zu handeln. Das hat ein Feuer
in mir entzündet!«, sagte Mikki. »Ich begann, auf Dinge zu achten,
die ich vorher stets vermieden hatte. Politik zum Beispiel. Ich war
weit über 30, hatte aber noch nie gewählt. Barack Obama war der
erste Kandidat, der mich so sehr inspirierte, dass ich den Sprung
wagte. Seine hypnotisierende Präsenz begeisterte mich dermaßen,
dass ich in der Nacht, als er den Amtseid ablegte, weinen musste. Ich war mir sicher, dieser wunderbare Familienmensch würde
sein Versprechen von ›Hoffnung und Wandel‹ wahr machen. Am
Ende seiner Amtszeit war klar, dass er wie alle anderen war – ein
Politiker. Ich war mir sicher, ich würde nie wieder wählen.«

Aber dann kam Bernie Sanders. »Menschen, die ich liebe und
denen ich vertraue, schworen, dass er anders sei«, so Mikki. Sie
schickten Links zu jahrzehntealten Videos. Seine Botschaft war
stets dieselbe. Er führte mich zurück in meine Kindheit. Er sprach
von alleinerziehenden Müttern, und wie man den Menschen, die
am Boden sind, aufhelfen müsse. Ich weiß, dass ich dachte: ›Hätten
wir ihn doch bloß gehabt, als ich noch klein war.‹«

Weil er mit seinen Freunden und anderen Aktivisten gerne Lösungen teilte, begann Mikki, online Werbung für Sanders zu machen
und sich in unterschiedlichen Internetgruppen rund um den Wahlkampf zu engagieren. Als er hörte, dass Sanders in Ventura reden
würde, nicht weit von Ojai entfernt, machte sich Mikki auf den
Weg zu seiner ersten politischen Veranstaltung. Er würde jedoch
nicht einfach nur im Publikum stehen: Er beabsichtigte zu filmen,
was dort geschah. Nachdem er sich von Sanders' Wahlkampfteam
die Erlaubnis dazu eingeholt hatte, tauchte Mikki dort am großen
Tag mit seiner Kamera im Gepäck auf. Vor der Wahlkampfveran-
staltung filmte er die von Stars moderierte Pressekonferenz. »Ein
altes Wohnmobil fährt vor und es steigen Rosario Dawson und

Shailene Woodley aus«, erinnerte er sich. »Ich war hinter der Kamera, als Rosario direkt in meine Richtung schaute. Ihre Augen wurden riesig und sie sagte lautlos: ›Oh mein Gott‹ und winkte mir dann zu. Ich blickte mich um, weil ich schauen wollte, wem sie zugewunken hatte. Hinter mir war niemand.«

»Sie kam zu mir herüber und sagte: ›Ich liebe Sie!‹ und umarmte mich dann ganz fest. Ich dachte mir, sie habe mich gewiss mit jemandem verwechselt, aber gegen diese Umarmung hatte ich nichts einzuwenden. Ich sagte: ›Ich liebe Sie auch!‹ Und ich meinte es auch so. Ich hatte sie auf der Leinwand stets bewundert und ich hatte Videos von ihr gesehen, wie sie auf Veranstaltungen von Bernie sprach. Wie sehr wünschte ich mir, derjenige zu sein, für den sie mich hielt.«

Wie sich herausstellen sollte, wusste Dawson ganz genau, wer Mikki war. Er hatte Homemovies gedreht und auf seiner Facebook-Seite veröffentlicht. Eines dieser Videos erreichte 100 Millionen Aufrufe – und eine von ihnen war Rosario Dawson.

In dem 1-minütigen Clip sieht man Mikki im Auto mit seinen Söhnen, Azai und Zuri. Mikki spricht direkt in die Handykamera und erklärt, dass Azai bei seiner Geburtstagsfeier ein Geschenk doppelt erhalten habe, also fuhren sie jetzt zum Spielzeugladen, um eines davon umzutauschen. Und was wählte Azai als Ersatz? Eine Puppe, die aussah wie Arielle, die Meerjungfrau.

»Wie fühlt sich wohl ein Vater, wenn ein Sohn sich so etwas wünscht?«, fragte Mikki in dem am 23. August 2015 auf YouTube veröffentlichten Video. Mit breitem Grinsen im Gesicht kräht Azai im Hintergrund: »Yeah!« Und Mikki erwidert: »Yeah! Ich lasse meine Jungs ihr Leben selbst entscheiden … Wir sagen: ›Yeah!

Wähle es. Wähle, wie du dich ausdrückst. Wähle, was dir gefällt. Wähle deine Sexualität. Wähle was auch immer.‹ Und ihr beide habt mein Versprechen, während wir hier im Auto sitzen … in diesem heißen Auto auf diesem Parkplatz –, verspreche ich euch, dass ich euch immer lieben werde und euch akzeptieren werde, egal welches Leben ihr wählt.«

Praktisch seit ihrer Geburt hatte Mikki beglückende Augenblicke mit seinen Söhnen aufgenommen, aber dieser Clip hatte etwas Besonderes an sich. Das Video reiste um die Welt und Mikki wurde in große Fernsehsendungen eingeladen, um dort über sein Lieblingsthema zu sprechen – Vaterschaft.

Rasch sollte er jedoch herausfinden, dass man seine Botschaft missverstand. Im Mittelpunkt des aufziehenden Sturms stand die Formulierung »Wähle deine Sexualität«. »Ich hatte nicht damit gerechnet, dass meine Söhne, die zu diesem Zeitpunkt gerade einmal 2 und 4 Jahre alt waren, die Bedeutung dieser Worte begreifen würden. Es war eine Botschaft, die sie erreichen sollte, wenn sie alt genug dafür waren«, erklärte Mikki. »Ich wollte meinen Jungs einfach vermitteln, dass die Welt und ihre persönlichen Entscheidungen niemals meine Liebe zu ihnen würden schmälern können. Was mir zum damaligen Zeitpunkt nicht bewusst war, waren die aufkommenden Bestrebungen, geschlechtliche Identitäten abzuschaffen.«

»Eines möchte ich ganz deutlich sagen: Persönliche Freiheit ist mir sehr wichtig«, fuhr er fort. »Es ist nicht meine Aufgabe, andere danach zu beurteilen, wie sie ihr Leben leben, solange sie nicht anderen Menschen oder unserer Umwelt Schaden zufügen. Wie kann ich erwarten, frei zu leben, wenn ich anderen dieses Recht nicht zugestehe? Sei der Mensch, als der du geboren wurdest. Wenn es deine Entscheidung ist, heterosexuell zu leben – viel Spaß dabei. Homosexuell? Cool. Genderfluid – sei du selbst. Aber lasst uns klug genug sein anzuerkennen, welche Gefahren es mit sich bringen könnte, wenn wir einer neuen Ideologie die Macht geben, unsere Natur auszulöschen. Meiner bescheidenen Meinung nach liegt nämlich jedem Problem, mit dem wir es derzeit zu tun haben, unsere Abspaltung von der Natur zugrunde.«

»Für mich bezieht sich der Begriff ›Sexualität‹ auf die Art und Weise, in der wir unsere Einzigartigkeit als Wesen ausdrücken, – Wesen, die zur Fortpflanzung fähig sind. Meine Söhne sind Jungs«, sagte er. »Eines Tages werden sie Männer sein. Meine Aufgabe besteht darin, ihnen dabei zu helfen, die besten Männer zu werden, die sie sein können. Sollte aus irgendeinem Grund einer oder beide beschließen, Eigenschaften zu zeigen, die nicht traditionell als maskulin definiert werden, werde ich sie voll und ganz lieben und unterstützen. Noch einmal: Es geht um Freiheit. Die Freiheit zu wählen. Als ehemals rebellischer junger Mensch, der inzwischen Vater ist, ist mir eines klar: Je mehr ich versuche, die Jungs nach meinen Vorstellungen zu formen, desto stärker werden sie in Richtungen drängen, die sie anderenfalls möglicherweise nicht für sich gewählt hätten. Meine Aufgabe besteht darin, immer für sie da zu sein und ihnen gleichzeitig nicht im Weg zu stehen.«

Mikkis Homemovies haben den Nerv einer Generation getroffen, die nach Vorbildern für eine gesunde Vaterrolle hungerte. Unter den Leuten, die Mikkis Videos verfolgten, war auch Dawson. »Sie sagte: ›Ich teile deine Videos mit allen‹«, sagte er. »Ich weiß noch, wie ich dachte: ›Oh wow. Sie kennt mich tatsächlich. Das ist fantastisch!‹«

Von da an nahm Dawson Mikki unter ihre Fittiche, führte ihn auf der Veranstaltung herum und stellte ihn vor. Sie brachte ihn auch

mit der Schauspielerin Shailene Woodley zusammen, die sich mit
ihm wegen seiner Wurzeln als Aktivist anfreundete. Sie hatten
sich zwar gerade erst kennengelernt, aber waren schon jetzt dicke
Freunde und Kollegen.

»Shailene und Rosario sagten: ›Wir machen eine USA-Tour.
Komm mit!‹«, erinnerte sich Mikki. »Ich rief meine Frau Nadia
an, weil ich wissen wollte, wie sie es fand, wenn ich auf Tournee
gehe. Wenig überraschend sagte sie: ›Oh mein Gott! Tu das!‹
Meine Frau ist fantastisch. Ich raste nach Hause, packte meine
Sachen, küsste meine Familie zum Abschied noch einmal und
dann war ich unterwegs.«

Offiziell war Mikki niemals Teil des Wahlkampfs, aber dank seiner Verbindungen zu den prominentesten Sanders-Unterstützern
hatte er freie Hand. »Ich bin hinter der Bühne. Ich bin auf der
Bühne. Ich bin, wo auch immer ich sein möchte«, sagte er. »Ich
war nicht offiziell beim Wahlkampfteam angestellt und mir hat
auch nie jemand Geld angeboten. Auf die Möglichkeit hin, dass
dieser schroffe alte Kerl unser aus dem Lot geratenes Land wieder ins Gleichgewicht bringen könnte, bezahlte ich gerne alles aus
eigener Tasche und arbeitete ohne Bezahlung. Ich produzierte
eine Reihe kurzer Werbevideos, die für die aufstrebende Bürger-
bewegung Werbung machten.«

Nicht alle waren dermaßen begeistert. Freunde meldeten sich bei
Mikki und zeigten sich besorgt, dass er auf den Sanders-Zug auf-
gesprungen war. Darunter waren auch einige wenige Personen,
die aus sozialistischen Ländern ausgewandert waren. Eine Person
stammte aus Sanders Heimatstaat Vermont und kannte Bernie
und seine Familie persönlich. Mikki jedoch glaubte so fest an die

Vision, dass es ihm schwerfiel, die Warnungen überhaupt ernst zu nehmen.

»Ich war nicht offen für Diskussionen«, sagte er mir. »Ich sagte meinen Freunden ausdrücklich: ›Ich weiß eure Zeit und Mühe wirklich zu schätzen, aber ich habe Bernie, seine Frau und sogar seine Enkelkinder kennengelernt und ich mag den Typen wirklich. Also: Vielen Dank, aber das ändert für mich nicht das Geringste.‹«

Ein Freund verstieg sich sogar zu der Behauptung, dass Sanders letztlich Hillary Clintons Kandidatur unterstützen würde. Ausgerechnet der lautstarke Clinton-Kritiker Sanders! Mikki fand das zum damaligen Zeitpunkt völlig undenkbar.

»Mein Freund sagte: ›Bernie wird früher oder später zur Wahl von Hillary Clinton aufrufen‹«, erinnerte sich Mikki. »Und da sagte ich: ›Na schön. Jetzt weiß ich, dass ich dir nicht zuhören sollte, denn das ist lächerlich. Nie im Leben. Dieser Mann war den Großteil seiner Karriere damit beschäftigt, gegen Hillary Clinton und korrupte Organisationen wie den DNC zu kämpfen.* Du liegst komplett falsch.‹« »In der Welt der Politik mochte ich ziemlich neu sein, aber mit der Geschichte von Bill und Hillary kannte ich mich gut aus«, erklärte Mikki. »Meine Mutter stammte aus Arkansas. Ihre Brüder – meine Onkel – hatten direkte Erfahrungen mit den Clintons gemacht. Seit ich ein kleiner Junge gewesen war, hatte ich die Geschichten über organisiertes Verbrechen und Korruption gehört. Als Erwachsener sah ich mir die Vorwürfe näher an und fand haufenweise Beweise, die für die Richtigkeit sprachen. So sehr

---

* Anm. d. Verlags: Das Democratic National Committee (DNC) ist die Dachorganisation der US-Demokraten.

ich mich freuen würde, wenn unser Land eines Tages von einer guten Frau regiert wird – Hillary Clinton war nicht diejenige.«

Der Tag der Wahrheit kam Ende Juli 2016, als sich Mikki und der Rest des Sanders-Lagers zum Parteitag der Demokraten in Philadelphia einfanden. Und es kam, wie es kommen musste: Clinton wurde zur Präsidentschaftskandidatin gewählt. Sanders gestand seine Niederlage ein und verlor seine Wahlkampfspenden. Später unterschrieb er ein Treuegelöbnis gegenüber dem DNC.

»Ich war mit einer großen Gruppe loyaler Bernie-Anhänger zusammen, als er Clinton gratulierte«, sagte Mikki. »Niemand konnte glauben, was da gerade geschehen war. Wir waren am Boden zerstört. Ich buchte noch am selben Abend einen Nachtflug und kehrte direkt nach Hause zurück.« An diesem Tag verlor Mikki den letzten Rest Hoffnung, dass Politiker helfen könnten, die Welt zu verändern. Dennoch bewahrte er sich den Glauben, dass ganz gewöhnliche Menschen bedeutsame Veränderungen anstoßen können – und dass das Medium Film ein wirkungsvolles Mittel sein kann, diese Menschen ins Rampenlicht zu stellen.

Seine Freundschaft mit Shailene Woodley zog Mikki hinein in die Geschichte der Proteste, die der Stamm der North Dakota gegen die Dakota Access Pipeline führte. Er flog in den Norden des Landes, um die Aktionen der amerikanischen Ureinwohner zu filmen. Dort verschrieb er sich dann auch dem Law Project der Lakota und drehte mit Stammesältesten Kurzfilme, um auf die Situation in North Dakota und die rechtlichen Schwierigkeiten der dort verhafteten Demonstranten aufmerksam zu machen.

»Wir drehten Videos für jeden ›Wasserschützer‹, der mit einer falschen Anklage konfrontiert war«, erzählte mir Mikki. »Wir hatten eine 100-prozentige Erfolgsquote. Die Anklagen wurden entweder zu Ordnungswidrigkeiten reduziert oder gleich ganz fallen gelassen. Zu erleben, welche Macht und welches Potenzial gefilmte Medieninhalte und das Erzählen wahrer Geschichten entwickeln können, wenn es darum geht, Unschuldigen Gerechtigkeit zu bringen, entfachte das Feuer in mir.«

Für Mikki war es erfüllend, im Leben der Lakota etwas zu bewirken, aber es brach damit für ihn gleichzeitig eine neue Ära an – genauso wie für diejenigen, die seine Filme sahen. »Das führte mich in jenen Bereich meiner Arbeit, den ich mittlerweile als forensisches Filmemachen bezeichne«, erklärte er.

Im Januar 2019 dachte Mikki, er hätte einen weiteren Underdog gefunden – Nathan Phillips, einen amerikanischen Ureinwohner und Aktivisten, der während eines Protesttags in Washington mit einer Gruppe Teenager der Covington Catholic High School aus Covington, Kentucky, aneinandergeraten war. Ein Video, auf dem Nicholas Sandmann, Schüler der High School, und Phillips stritten, ging viral. Mikki war bereit, sich an dem online stattfindenden »Canceln« von Sandmann und seinen Mitschülern zu beteiligen.

»Ich machte mich daran, ein Video zu produzieren, das die amerikanischen Ureinwohner, die, so dachte ich, Opfer eines schrecklichen Hassverbrechens geworden waren, unterstützen sollte«, sagte er. Mikki beauftragte sein Team, sämtliche Videoclips von dem Vorfall zu sammeln. Was er fand, schockierte ihn.

»Nach ein paar Tagen, in denen ich mir das gesamte Filmmaterial angesehen hatte, wurde mir und meinem Team klar, dass die Kinder reingelegt worden waren«, sagte er. »Sie hatten nie die Stammesältesten umringt. Sie hatten nie ›Baut die Mauer‹ skandiert, wie es in den Schlagzeilen behauptet worden war. Sie hatten nicht einmal eine einzige abfällige Bemerkung gemacht. Man hatte die Jungs ins Visier genommen, weil sie rote ›Make-America-Great-Again‹-Kappen trugen. Die hatten sie am selben Tag bei einem Straßenhändler gekauft, um ihre Klassenkameraden bei ihrem gemeinsamen Ausflug nach Washington nicht aus den Augen zu verlieren.«

Es waren eben diese roten Kappen, die die Jungs zu politischen Zielscheiben werden ließen, glaubte Mikki. »In den Augen der Medien und derer, die von ihnen infiziert wurden, standen diese Jungs für alles, was in Amerika schiefläuft. Sie waren männlich. Sie waren weiß. Sie waren katholisch. Und am schlimmsten: Sie waren vermeintliche Maskottchen von Donald Trump. Das machte sie zu Untermenschen.«

Mikki stand vor einem großen Dilemma: »Ich hatte noch nie etwas getan, was man als Unterstützung für die politisch Rechten, die Republikaner oder sonst einen Teil dieser Welt auslegen konnte. Wenn wir die Wahrheit sagen, wirft man uns in diesen gefürchteten Topf der Verabscheuungswürdigen und das ist der gefährlichste Ort, an dem man im Moment sein kann. Aber das waren 15 Jahre alte Jungs.«

»Nicht nur, dass es sich um Minderjährige handelte, sie waren auch ganz offenkundig unschuldig an den Verbrechen, für die sie öffentlich angeprangert wurden«, sagte er. »Ich hatte ihre persönlichen Handyvideos und wir konnten isolieren, was die Schüler zueinander und zu dem Mob um sie herum sagten. Für eine große Gruppe von Teenagern benahmen sie sich ausgesprochen ordentlich. Wir konnten nur einen einzigen möglicherweise geschmacklosen Augenblick finden und das war, als die Jungs begannen, den

›Tomahawk-Chop‹ zu machen, eine Geste, die üblicherweise Fans von Mannschaften wie den Florida State Seminoles, den Atlanta Braves und den Kansas City Chiefs machen. Waren die Jungs respektlos oder versuchten sie einfach nur, eine Beziehung zu einer Kultur aufzubauen, die sie ausschließlich aus dem Fernsehen kannten?«

»Einem Elternteil zufolge, der an jenem Tag als Betreuer anwesend war, hatten die Jungs keine Ahnung, dass eine derart weit verbreitete Geste als Symbol fehlenden Respekts verstanden werden könnte. Er beteuerte, dass die Jungs den Rhythmus der Trommel liebten und nur versuchten, die Lücke in der Kommunikation zu überbrücken«, so Mikki. »Mein Team und ich standen vor einer sehr schwierigen Entscheidung. Ließen wir das Projekt fallen oder sollten wir eine Grenze überschreiten, über die wir möglicherweise niemals würden zurückkehren können? Wir haben uns dafür entschieden, diese Grenze zu überschreiten. Als Vater von zwei kleinen Jungs konnte ich mich einfach nicht dazu durchringen wegzuschauen.«

Der Mann, der Wochen und Monate seines Lebens dem Wahlkampf von Bernie Sanders gewidmet hatte, der neben den Demonstranten in Standing Rock stand und der seit Jahren auf der Seite des progressiven Aktivismus stand, veröffentlichte nun also ein Video, das eine andere Art von Geschichte erzählte. Zumindest würde es für viele, die ihn kannten, so wirken. Doch für Mikki war es die gleiche Art von Geschichte: eine über Unterlegene, die es verdient haben, dass die Wahrheit über ihre Geschichte erzählt wird, trotz eines erdrückenden Chors von viel lauteren Stimmen.

»Das 15-Minuten-Video ging viral«, erklärte Mikki. »Die Menschen fanden schnell heraus, dass dieser Nathan Phillips niemals in Vietnam gekämpft hatte, wie er mehr als einmal vor laufender Kamera behauptet hatte. Weiter wurde enthüllt, dass er etwas Vergleichbares schon mal getan hatte und dass es seine Art war, sich als Opfer zu gerieren und dann durch Crowdfunding Tausende Dollar einzusammeln.«

»Wie nicht anders zu erwarten, gingen die Hetzer auf uns los«, sagte Mikki. »Sie warfen uns vor, wir würden uns auf die Seite von Rassisten, von Anhängern der Theorie von der Überlegenheit der weißen Rasse, von Kolonialisten, Nazis und was weiß ich stellen. Ich grub tiefer, weil ich verstehen wollte, warum so viele Menschen bereit waren, unschuldige Kinder den Wölfen zum Fraß vorzuwerfen, und fand heraus, dass die absolute Mehrheit der Beschwerden von Weißen kam.«

»Von meinen Freunden und Freundinnen unter den Ureinwohnern meldeten sich einige und bedankten sich dafür, dass ich beigetragen hatte, eine Trennlinie zwischen ihnen und einem offenkundig weiteren Fall von vorgetäuschtem Rassismus zu ziehen. Nur wenige aus meiner Partei sahen es ähnlich. Über Nacht verwandelte ich mich von einem Helden der Linken zu ihrem neuesten Bösewicht.«

»Es war schockierend, aus nächster Nähe mitzuerleben, wie viele meiner Beziehungen zerbrechlich waren«, sagte Mikki weiter. »Menschen, die niemals mit ihrer Liebe und ihrer Wertschätzung für mich hinter den Berg gehalten hatten, versuchten nun auf einmal, mich zu zerstören. Ich erhielt zum ersten – aber nicht zum letzten – Mal Todesdrohungen. Nicht ein Mensch wollte wissen, was mich dazu veranlasst hatte, dieses Video zu produzieren. Niemand wollte irgendwelche Beweise sehen, die im Widerspruch zum Mainstream-Narrativ standen. Es war alles dort direkt vor ihren Augen, aber sie konnten nicht über diese roten Kappen hinwegsehen.«

Diese Erfahrung brachte Mikki dazu, eine Dokumentation in Spielfilmlänge zu produzieren, *The Narrative*. Dabei geht es darum, wie amerikanische Medien die Wahrheit verzerren und unsere Differenzen dazu nutzen, das Volk weiter zu spalten. Mikki sprach rund um die Welt mit Whistleblowern und Aktivisten der Gegenkultur und schon bald erkannte er ein Leitmotiv: Die Welt steuerte auf eine schwere Katastrophe zu.

»Ich war dabei, mit Whistleblowern der großen ›Alphabet Agencies‹ und mit Big Tech zu sprechen«, erklärte Mikki.[*] »Einige von ihnen sagten: ›Sei bereit. Es ist etwas im Anmarsch. Es kann nicht mehr lange dauern und wir werden etwas in der Größenordnung von 9/11 erleben.‹« Wenige Wochen später schlug die Pandemie zu.

---

[*] Anm. d. Verlags: Als »Alphabet Agencies« werden die amerikanischen Behörden bezeichnet, die vor allem in ihrer abgekürzten Form bekannt sind, also beispielsweise CIA, FBI, FDA oder SEC.

Kapitel 2

Plandemic 1

Die höchste Kunst
des Krieges besteht darin,
seinen Feind ohne
Kampf zu unterwerfen.

Sunzi

Am 9. Januar 2020 gab die Weltgesundheitsorganisation WHO bekannt, dass in China ein neues Coronavirus entdeckt worden sei. Am 20. Januar untersuchten Flughäfen in den USA Fluggäste erstmals auf die Krankheit. Am nächsten Tag bestätigte die Seuchenschutzbehörde CDC den ersten bekannten Fall in den USA. Tag für Tag verkündeten die Medien von nun an neue Meilensteine im Verlauf der aufziehenden Pandemie, aber in Ojai – wie in so vielen anderen Teilen des Landes – herrschte zunächst der Eindruck vor, man werde der Sache schon Herr werden. Ein Teil der Medien beschwor das Ende der Welt herauf, der andere Teil sagte, die Krankheit werde schon wieder verschwinden. Beide lagen falsch und niemand wusste, wem man nun glauben sollte. Das Narrativ wurde in Echtzeit konstruiert.

In der ersten Märzwoche gab es in Ventura County, zu dem Ojai gehört, weiterhin keine Fälle, allerdings waren sieben Einwohner getestet worden (alle negativ). Und trotzdem verhängte Mitte März Gouverneur Gavin Newsom über den gesamten Bundesstaat Kalifornien einen Lockdown. Mikki und das restliche Team arbeiteten von zu Hause aus weiter und telefonierten täglich, um den Kommunikationsfluss aufrechtzuerhalten. Sie recherchierten weiter zu der sich ausbreitenden Krise, und es tauchten mehr und mehr Fragen auf, also wandten sie sich auf der Suche nach rohen, unverfälschten Informationen zur Pandemie so vielen Quellen wie möglich zu.

Es dauerte nicht lange, da kam Mikki eine sehr wichtige Quelle in den Sinn: Judy Mikovits. Mikki und Judy hatten sich knapp 18 Monate vor Beginn der Pandemie kennengelernt. Ein gemeinsamer Freund hatte sie einander vorgestellt, als Judy gerade dabei war, Werbung für das Buch zu machen, das sie über die Medizinindustrie und deren Defizite geschrieben hatte.

»Ich mochte Judy sofort«, sagte Mikki. »Sie ist sehr direkt. Keine Show. Kein Schauspielern. Wenn sie etwas nicht lustig findet, lacht sie nicht. Sie ist einfach sehr authentisch und hat so ein Ostküsten-Auftreten an sich, das ich respektiere.«

Als sie sich kennenlernten, überlegte Mikki, ob er nicht eine Dokumentation mit ihr drehen sollte, aber er hatte sich bereits dazu verpflichtet, bei *The Narrative* Regie zu führen. Dann änderten sich seine Pläne aufgrund der Pandemie und Judy war eine seiner ersten Interviewpartnerinnen.

»Sie haben also eine Entdeckung gemacht, die dem vereinbarten Narrativ widerspricht«, sagte Mikki vor laufenden Kameras und sah Dr. Mikovits intensiv an.

»Richtig«, erwiderte sie lächelnd.

»Und deshalb hat man sich nach Leibeskräften bemüht, Ihr Leben zu zerstören«, so Mikki weiter.

»Genau.«

»Sie wurden verhaftet.«

»Korrekt.«

»Man hat Ihnen Redeverbot erteilt. Sie wurden ins Gefängnis gesteckt. Und dennoch sitzen Sie hier«, sprach Mikki weiter. Dr. Mikovits nickte, ein Hauch von Traurigkeit war zu spüren.

»Die Versuche, Sie zum Schweigen zu bringen, sind offenkundig fehlgeschlagen«, sagte Mikki. »Ich muss Sie das fragen: Wie können Sie hier sitzen und es wagen, all diese großen Mächte herauszufordern, ohne um Ihr Leben zu fürchten, wenn Sie dieses Gebäude verlassen?«

Dieses Interview – das erste für das *Plandemic*-Projekt – war keine Übertreibung. Je nachdem, wen man fragt, ist Dr. Judy Mikovits entweder bemerkenswert und mutig oder unehrbar und verrückt. Für die innersten Kreise von Wissenschaft, Medizin und akademischer Welt ist sie zum Symbol von Verschwörungstheorien und schlechter Wissenschaft geworden. Andere sehen in ihr eine Vorkämpferin für die Wahrheit. Egal, wie man ihren Weg auch liest, eines steht außer Frage: Sie hat einen hohen Preis dafür gezahlt, dass sie es gewagt hat, sich zu Wort zu melden.

Dr. Mikovits begann als Labortechnikerin am National Cancer Institute (NCI). Dort fand ein Großteil der ganz frühen Forschungsarbeit zu HIV und Aids statt. Damals wusste man noch nicht, mit was für einer Krankheit man es zu tun hatte, aber man wusste, dass eines der Symptome eine seltene Form von Hautkrebs ist, das Kaposi-Sarkom.

In den vergangenen Jahren hat Mikovits Bücher zu wichtigen Themen wie Impfstoffe, Krankheiten und Autismus veröffentlicht. 2014 erschien *Plague: One Scientist's Intrepid Search for the Truth about Human Retroviruses und Chronic Fatigue Syndrome (ME/CFS), Autism and Other Diseases** und im April 2020 folgte *Plague*

---

* Deutscher Titel: *Die Pest: Eine mutige Wissenschaftlerin entdeckt ein neues humanes Retrovirus und seinen Zusammenhang mit dem Chronischen Erschöpfungssyndrom (ME/CFS), Autismus und anderen Krankheiten*, Unimedica, 2020.

of Corruption: Restoring Faith in the Promise of Science*. (Keines der Bücher erregte bei seiner Veröffentlichung großes Aufsehen, allerdings schoss *Plague of Corruption* nach der Veröffentlichung von *Plandemic* auf Platz 1 bei Amazon und landete auch auf der Bestsellerliste der *New York Times*.)

Als das Coronavirus über die Nation hereinbrach, war Dr. Mikovits einfach nur eine von zahlreichen Wissenschaftlern und Wissenschaftlerinnen, die das Geschehen von außen verfolgten – mit dem Unterschied, dass sie über eine ungewöhnliche Verbindung zu den wichtigsten Akteuren verfügte. Tatsächlich hätte die studierte Immunologin durchaus auch neben Dr. Anthony Fauci und Dr. Deborah Birx auf dem Podium stehen können, möglicherweise auch anstelle der beiden. Warum war es dazu nicht gekommen?

Das war nur eine der Fragen, auf die sich Mikki und sein Team eine Antwort erhofften. Eine andere Frage lautete: Jahrzehntelang hatte Judy hinter den Kulissen gearbeitet, warum meldete sie sich nun mit Kritik an ihren ehemaligen Kollegen und Kolleginnen und der wissenschaftlichen und medizinischen Gemeinschaft als Ganzes zu Wort?

»Weil wir, wenn wir das nicht jetzt unterbinden, nicht nur unsere Republik und unsere Freiheit vergessen können«, sagte sie Mikki, »sondern auch die Menschheit – denn diese Agenda wird uns umbringen.«

Große Worte. Laut Dr. Mikovits gibt es eine generationenübergreifende Massenverschwörung, die sich größtenteils auf eine ein-

---

* Deutscher Titel: *Die Pest der Korruption: Wie die Wissenschaft unser Vertrauen zurückgewinnen kann*, Unimedica, 2020.

zige Person zurückverfolgen lässt: Dr. Anthony Fauci. Dr. Fauci, 2020 Leiter der Coronavirus-Taskforce von Präsident Trump, war Chef des National Institute of Allergy & Infectious Diseases (NI-AID) zu der Zeit gewesen, als die Aidsepidemie in Amerika wütete.

Mit seinen politischen Winkelzügen zum Höhepunkt der Aidsepidemie habe Dr. Fauci verhindert, dass französische Wissenschaftler ihre Erkenntnisse zum HI-Virus nach der ursprünglichen Entdeckung über ein Jahr zurückhalten mussten, sagte Dr. Mikovits zu Mikki. Das hatte zur Folge, dass sich die Behandlung unnötig verzögerte, dass sich das Virus während des Höhepunkts der Epidemie immer schneller ausbreiten konnte und dass Millionen Menschen starben. So sei es damals gewesen, sagte Dr. Mikovits.

Sie habe zu der Zeit für den Forscher Dr. Frank Ruscetti gearbeitet: »Ich war Teil des Teams, das aus dem Speichel und dem Blut von Patienten aus Frankreich HIV isolierte.« Der französische Wissenschaftler Luc Montagnier, der 2008 mit dem Nobelpreis ausgezeichnet wurde, hatte das Virus bereits isoliert, man konnte es also aus biologischen Proben wie Blut abtrennen und in Kulturen züchten. Die amerikanische Gruppe sollte einfach nur die Ergebnisse der französischen Studie bestätigen.

Doch, so Dr. Mikovits: »Tony Fauci und Robert Gallo arbeiteten gemeinsam daran, die Geschichte in eine andere Richtung zu drehen.« Es schien, als wollten sie den Ruhm für die Entdeckung einheimsen – und die Gewinne.

Damals leitete Dr. Fauci das HIV-Programm bei der NIH, der Behörde, die für das National Cancer Institute und das Team von Dr. Mikovits zuständig war. Normalerweise hatte Dr. Mikovits wenig mit Dr. Fauci zu tun, aber als sich ihr Team darauf vorbereitete, die Ergebnisse seiner Untersuchungen zum Virus zu veröffentlichen, geriet sie mit Dr. Fauci aneinander.

Wie Dr. Mikovits erklärte: »Eines Tages war Dr. Ruscetti nicht in der Stadt und Tony Fauci sagte: ›Wir haben gehört, Sie haben einen Artikel im Druck. Wir wollen eine Kopie davon.‹ Und ich sagte: ›Ja, wir haben einen Artikel im Druck, aber es ist vertraulich, also nein, Sie bekommen keine Kopie.‹ Er begann, mich anzuschreien, dann sagte er: ›Sie geben uns auf der Stelle die Arbeit oder Sie werden wegen Befehlsverweigerung gefeuert.‹ Und ich sagte bloß: ›Ich bin mir sicher, Sie werden dieses Gespräch führen können, wenn Dr. Ruscetti wieder da ist.‹«

Aber als Dr. Ruscetti zurückkehrte, wurde er »gezwungen, Fauci die Arbeit zu geben«, behauptet Dr. Mikovits. Fauci habe dann die Veröffentlichung mehrere Monate lang unterbunden und Dr. Gallo habe in der Zeit »seine eigene Arbeit geschrieben und den ganzen Ruhm eingestrichen«. Dr. Mikovits war empört. Während die Forscher politische Spiele spielten, starben Menschen. »Diese Verzögerung begünstigte die Ausbreitung des Virus und kostete Millionen Menschenleben«, sagte sie.

»Ich finde es bis heute furchtbar, dass ich es nicht wusste … Man hätte nicht bis 1984 auf die Bestätigung des Virus warten müssen«, so Mikovits weiter. »Denken Sie nur an all die Menschen … Der gesamte afrikanische Kontinent verlor eine komplette Generation, während sich dieses Virus aufgrund der Arroganz einer kleinen Gruppe von Menschen ausbreitete.«

Zu den Menschenleben, die verloren gingen, gehörte Mikkis Bruder, der 1994 an Aids starb. Im selben Jahr wurde Aids in der Altersgruppe der 25- bis 44-jährigen Amerikaner zur häufigsten

Todesursache. Bis 1995 erlagen über 500 000 Amerikaner Krankheiten im Zusammenhang mit Aids. Es war eine ausgewachsene Epidemie und sie hatte die Welt völlig überrascht.

Der Ausbruch begann leise und unauffällig. 1981 berichtete die New Yorker Homosexuellenzeitung *The New York Native* über eine »exotische neue Krankheit«. Im Jahr darauf stellte die CDC eine Taskforce auf, die die Krankheit untersuchen und stoppen sollte, eine Krankheit, die sie als Acquired Immunodeficiency Syndrome (»erworbenes Immunschwächesyndrom«) bezeichnete, kurz Aids. 1983 erklärten unabhängig voneinander zwei Forschergruppen – eine um den Amerikaner Dr. Robert Gallo und eine unter den französischen Forschern Françoise Barre-Soussi und Luc Montagnier – im Wissenschaftsmagazin *Science,* dass sie das neuartige Retrovirus isolieren konnten, das bei Aidspatienten vermutlich für die Ansteckung verantwortlich sei.

Die Leitung des amerikanischen Teams hatte Dr. Fauci, der seit 1968 bei der NIH war. 1980 ernannte man ihn zum Leiter des Labors für Immunregulation, 1984 übernahm er die Führung von NIAID. Dr. Fauci kämpfte an vorderster Front dafür, ein neues Aidsmedikament namens AZT (Azidothymidin) durchzudrücken.* Nach nur 25 Monaten Entwicklungszeit genehmigte die FDA das Medikament, das fortan als »Wundermittel« beworben wurde.

Fragt man Mikki, war die Entscheidung seines Bruders, AZT einzunehmen, der Schritt, der letztlich zu seinem Tode führen sollte. »AZT hat ihn umgebracht, daran gibt es keinen Zweifel«, sagte mir Mikki. »Ich weiß noch, wie dieses sogenannte Wundermittel auf

---

* Anm. d. Verlags: In Deutschland kam Azidothymidin unter Namen wie Retrovir, Combivir oder Trizivir auf den Markt.

den Markt kam. Meine Mom war überglücklich. Sie hatte großes Vertrauen in die Anführer der Aidsepidemie und insbesondere Anthony Fauci. Damals gab es keinen Grund, an ihm zu zweifeln.«

»Mein Bruder glaubte, er bekäme eine zweite Chance im Leben«, erzählte Mikki weiter. »Wir erwarteten, dass sich sein Zustand bessern würde, aber sobald er mit der Einnahme von AZT begann, verschlechterte sich sein Zustand deutlich. Man erklärte uns, dass sich sein Körper erst gewöhnen müsse und dass es ihm dann besser gehen werde.« Doch dazu sollte es nie kommen.

»Er hatte migräneartige Kopfschmerzen«, sagte Mikki. »Ständig übergab er sich und er hatte so starken Schwindel, dass er nicht stehen konnte. Er litt dermaßen, dass er zu sagen begann, er würde lieber sterben. Ein paar Mal setzte er das Medikament ab und am nächsten Tag ging es ihm besser und er sah auch besser aus. Es war verwirrend. Seine Ärzte warnten ihn, dass er sich vielleicht besser fühle, aber wenn er die Behandlung zu lange unterbreche, würde er sterben. Widerwillig setzte er die Behandlung fort.«

»Was haben einige der am schlechtesten gehandhabten Epidemien und Pandemien wie Aids, Ebola, H5N1 (Vogelgrippe) und H1N1 (Schweinegrippe) gemein?«, fragte Mikki. »Dr. Anthony Fauci. Wie dieser Mann seine Position an der Spitze der medizinischen Fachwelt dermaßen lang halten konnte, ist ein Rätsel, das eine genauere Betrachtung verdient.«

Der eine oder andere wird sich erinnern: Es war Dr. Fauci, der die Welt in Panik versetzte, als er erklärte: »Selbst in den positivsten Szenarien wird die Vogelgrippe (H5N1) 2 bis 7 Millionen Menschenleben weltweit fordern.« Es wäre maßlos untertrieben zu sagen, dass er danebengelegen hat. Die tatsächliche Zahl der Opfer

belief sich auf mehrere Hundert. Welchen Schaden die Massen-
panik angerichtet hat, lässt sich unmöglich abschätzen.

Die Investigativjournalistin Sharyl Attkisson vom US-TV-Sen-
der *CBS* zählte zu den wenigen Journalisten und Journalistinnen,
die es wagten, die Geschichte hinter der Geschichte zu erzählen:
»Durch unseren [Antrag im Rahmen des Gesetzes zur Informa-
tionsfreiheit, FOIA] stellten wir fest, dass die CDC, bevor sie auf
mysteriöse Weise aufhörte, Fälle von Schweinegrippe zu zählen,
herausgefunden hatte, dass praktisch keiner der von ihnen als
Schweinegrippe geführten Fälle eine Schweinegrippe oder überhaupt irgendeine Form von Grippe gewesen war!«, sagte sie.
»Letztlich wollte keine Sendung [Nachrichtenformat von *CBS*] das
Thema anfassen. Wir brachten zahlreiche Geschichten, in denen
die These von einer Epidemie aufgeblasen wurde, aber nicht die
Geschichte, die den ganzen Hype in ein völlig anderes Licht ge-
rückt hätte. Es war ausgewogen, zutreffend, von der Rechtsabtei-
lung abgenickt und eine fantastische Geschichte. Weil die CDC die
wahren Zahlen zur Schweinegrippe geheim hielt, führte dies dazu,
dass viele Menschen ihren Kindern und sich selbst einen experi-
mentellen Impfstoff verabreichen ließen, der vielleicht gar nicht
erforderlich gewesen wäre.«[4]

Im März 2020 veröffentlichte Children's Health Defense diese Erinnerung: »Fauci hat einmal den Anreißer für das im Eiltempo
zugelassene Vakzin gegen H1N1-Influenza (›Schweinegrippe‹) gegeben und 2009 gegenüber der Öffentlichkeit versichert, schwere unerwünschte Nebenwirkungen seien ›sehr, sehr, sehr selten‹.
Kurz darauf brachte der Impfstoff Unheil über mehrere Länder
und erhöhte bei Schwangeren in den USA das Risiko einer Fehlgeburt, sorgte in Skandinavien für eine Zunahme von Narkolepsie-

Fällen unter Jugendlichen und verursachte in Australien bei einem von 110 geimpften Kindern Fieberkrämpfe.«[5]

Zu Beginn einer Laufbahn, die sich über Jahrzehnte hinziehen sollte, übertrug man Dr. Fauci die Aufgabe, die Bekämpfung der HIV-/Aidsepidemie zu leiten. »Unverdient verlieh man ihm Glaubwürdigkeit, indem man ihn als ›Amerikas besten Arzt‹ hinstellte«, sagte Mikki. »Dabei konnte sich Aids die ganze Zeit über weiter ausbreiten und Menschen töten, weil er wirksame Medikamente unterdrückte und tödliche Arzneien förderte. Arzneien wie AZT.«

Mikki erklärte: »AZT ist ein gefährliches und kostspieliges Medikament, das Dr. Fauci als Wundermittel anpries, während er Menschen in Not gleichzeitig kostengünstige, sichere und wirksame Behandlungsmethoden vorenthielt. Er unterstützte sogar den Einsatz von AZT bei schwangeren Frauen, obwohl er wusste, dass der Fötus damit ernsten Risiken ausgesetzt sein würde.«

Im November 1989 veröffentlichte das Magazin *Spin* einen Artikel von Celia Farber unter der Überschrift »Unterlassungssünden«. *Spin*-Gründer Bob Guccione sagte 2015 in einer Jubiläumsausgabe: »Celia grub harte Fakten dazu aus, mit welcher Kaltblütigkeit das Aidsestablishment ein Medikament bewarb, das schlimmer als die Krankheit war und das schneller tötete, als es der Fall gewesen wäre, hätte man Aids seinen natürlichen Lauf gelassen und nicht behandelt. AZT war ein aufgegebenes Krebsmedikament, das man wegen seiner fatalen Giftigkeit verworfen hatte und dann mit dem zynischen Hintergedanken, dass die Aidspatienten ohnehin sterben würden, wieder aus der Schublade holte.«[6]

Laut Bruce Nussbaum, Journalist der *Business Week*, war Jerome Horwitz, der Mann, der beim NCI unter Fauci AZT entwickelt hatte, von seiner eigenen Erfindung so angewidert, dass er behauptete, es sei »dermaßen unbrauchbar, dass es sich nicht lohnte, es zu patentieren«. Fauci war da anderer Meinung – sein Name stand auf dem Patent und er würde einen Teil der Gewinne einstreichen.[7]

Andere erhoben noch unverhohlenere Anschuldigungen. 1989 schrieb der bekannte Aidsaktivist Larry Kramer einen offenen Brief an Dr. Anthony Fauci, der in *The Village Voice* abgedruckt wurde. Kramer schreibt: »Sie sind verantwortlich für alle staatlich finanzierten Forschungen an Behandlungsmethoden von Aids. Im Namen dessen, was richtig ist, treffen Sie Entscheidungen, die andere Menschen das Leben kosten. Für mich ist das Mord.«[8]

Der hoch angesehene Wissenschaftler und HIV-/Aidsforscher Dr. Joseph Adolph Sonnabend erklärte öffentlich: »Ich schäme mich für meine Kollegen … Das ist derart schlampiges wissenschaftliches Handeln, dass es mir schwerfällt zu glauben, dass niemand protestiert. Es geht hier darum, die eigenen Fördergelder zu schützen. Es dreht sich alles um Geld. Ganz offensichtlich stecken dahinter finanzielle und politische Kräfte.«[9]

Der renommierte Aidsforscher und Autor Dr. Robert E. Willner (*Deadly Deception: The Proof That Sex and HIV Absolutely Do Not Cause AIDS*) schloss sich einer Gruppe Ärzte an, die damals die Theorie anzweifelten, wonach Aids durch HIV verursacht wird. Bei einer Pressekonferenz im Oktober 1994 spritzte sich Dr. Willner vor laufenden Kameras das Blut eines Aidspatienten und erklärte: »Ich sage meinen Freunden Fauci … und Gallo und der ganzen restlichen Verbrecherbande, dass dies zum Wohle der Menschheit und aus keinem anderen Grund geschieht. Es geschieht in der

Hoffnung, dass es das Leben von Millionen Menschen retten wird, die aufgrund der größten Lüge sterben werden, die jemals erzählt wurde. Tatsächlich ist das Aidsmittel AZT heutzutage die führende Ursache von Aids.« Sechs Monate später, am 15. April 1995, starb Dr. Willner an einem Herzinfarkt.

Spielt Dr. Fauci auch heute noch nach diesen Regeln? Ärzte und Ärztinnen, die an vorderster Front kämpfen, und Fachleute für Infektionskrankheiten aus aller Welt üben derzeit Kritik an Dr. Fauci, weil er nachweislich wirksame Arzneien wie Ivermectin, Azithromycin und Hydroxychloroquin unterdrückt.

Als sich Präsident Trump positiv über Hydroxychloroquin äußerte und es für die Vorbeugung gegen Covid-19 ins Spiel brachte, gerieten die korrupten Teile der westlichen Medizin in Panik. Sie verdrehten die Wahrheit völlig. Welchen Grund gibt es dafür, dass die WHO, die FDA, Dr. Fauci, Dr. Birx und zahllose andere führende Ärzte und Ärztinnen plötzlich ein Medikament, das seit 70 Jahren im Einsatz ist, das sich bewährt hat, das sicher und wirksam ist, als »tödlich« deklarieren und behaupten, die Faktenlage stütze sich auf »Anekdoten«? Das ist schon verblüffend … solange man die Regeln nicht kennt, nach denen dieses Spiel gespielt wird.

Die gesamte »Plandemie« beruht auf der sogenannten Emergency Use Authorization (EUA), der Zulassung für die Anwendung in Notfallsituationen. Die EUA erlaubt es, sich im Interesse der öffentlichen Sicherheit über bestehendes Recht hinwegzusetzen, auch über Gesetze, die nach dem Ende des Notfalls weiterhin bestehen bleiben. Sobald sich eine Lösung für den Notfall abzeichnet, wird der EUA-Status aufgehoben und die Pandemie ist vorüber. Wer von der Pandemie profitiert, wird also alles in seinen Kräften Stehende tun, dass die Zulassung möglichst lang gilt.

Selbst wenn er dadurch zulässt, dass Menschen sterben. Das ist ganz schön heftig, ich weiß. Übrigens: Am 28. Juli 2021 berichtete *Axios*: »Pfizer rechnet damit, dass der Umsatz für das gemeinsam mit BioNTech entwickelte Covid-19-Vakzin dieses Jahr 33,5 Milliarden Dollar betragen wird. Das entspricht einem Anstieg von 29 Prozent gegenüber der vorherigen Schätzung in Höhe von 26 Milliarden Dollar.«[10]

Es bedurfte keiner großen Anstrengung, die Öffentlichkeit davon zu überzeugen, dass die guten Medikamente in Wirklichkeit schlecht sind, denn wir alle sind darauf gedrillt, auf die Wissenschaft zu hören. Aber wie überzeugt man eine Generation von Ärzten und Forschern, dass ein Mittel, das sie seit Jahrzehnten sehr erfolgreich verwendet haben, plötzlich angeblich nicht mehr wirksam ist?

Erstens: Man führt fingierte Studien durch.

Zweitens: Man lässt die Studien von führenden Fachmagazinen validieren.

Drittens: Man lässt die Medien die Lüge so lange wiederholen, bis sie die Wahrheit zu sein scheint.

ABC World News Tonight: »Eine neue Studie in *The Lancet* zeigt, dass Patienten, die wegen Covid-19 im Krankenhaus behandelt werden, ein höheres Sterberisiko haben, wenn sie Hydroxychloroquin einnehmen. Präsident Trump hatte diese Woche erklärt, er nehme das Medikament vorbeugend ein.«[11]

CBS News: »Die medizinische Fachzeitschrift *The Lancet* hat gerade eine Studie veröffentlicht, wonach eine Behandlung mit dem bekannten Malariamittel Hydroxychloroquin Covid-19-Patienten offenbar keinerlei Nutzen bietet. Die Studie befasste sich mit Chloroquin oder seinem Gegenstück Hydroxychloroquin, dem Mittel, das US-Präsident Donald Trump eingenommen hat.«[12]

MSNBC:[13] »Hydroxychloroquin, das von Präsident Trump gepriesene Malariamittel, wird mit einem höheren Sterberisiko bei Corona-Patienten in Verbindung gebracht. Das ergab eine in *The Lancet* veröffentlichte Untersuchung an 96 000 Patienten und Patientinnen.«[14]

Die Medienkampagne sorgte für weitreichende Panik und führte dazu, dass klinische Studien zu Hydroxychloroquin eingestellt werden mussten, bevor sich offiziell nachweisen ließ, dass das Medikament für die Behandlung von Covid-19 geeignet ist.

The Scientist schrieb im Oktober 2020: »Diese Studie war eine medizinische und politische Bombe. Nachrichtenmedien analysierten, welche Folgen dies für das, wie sie es nannten, ›von Trump beworbene Mittel‹ haben würde. Binnen weniger Tage informierten Einrichtungen der öffentlichen Gesundheit bis hin zur Weltgesundheitsorganisation (WHO) und der britischen Regulierungsbehörde Medicines and Healthcare Products Regulatory Agency (MHRA) Betreiber klinischer Studien, sie hätten Rekrutierungsbemühungen für Studien, in denen es um die Wirksamkeit von Hydroxychloroquin als Covid-19-Behandlung oder Prophylaxe ging, einzustellen.«[15]

In aller Welt begannen nun zahlreiche befähigte unabhängige Wissenschaftler und Wissenschaftlerinnen damit, den Bericht auf Herz und Nieren zu prüfen. Das führte zu ernsthaften Zweifeln an der Integrität der Studie, der Authentizität der Daten und der

Gültigkeit der von den Autoren verwendeten Methoden. Wie sich erwies, hatten die beiden Hauptautoren der Studie deutliche finanzielle Interessenkonflikte.

Einer der Hauptautoren, Dr. Mandeep Mehra, ist Klinikleiter im britischen Brigham & Women's Hospital. Weder Dr. Mehra noch *The Lancet* wiesen darauf hin, dass das Brigham Hospital eine Partnerschaft mit dem Biopharmazie-Unternehmen Gilead Sciences unterhielt, das zum damaligen Zeitpunkt zwei Studien zu Remdesivir durchführte, dem wichtigsten Konkurrenzprodukt von Hydroxychloroquin.

Die Datenbank, mit deren Hilfe Hydroxychloroquin diskreditiert wurde, gehört Surgisphere, einem Unternehmen, das von Dr. Sapan Desai gegründet wurde und geleitet wird. Dr. Desai, einer der Hauptautoren der Studie, weigerte sich rundheraus, Daten für eine unabhängige Bestätigung zur Verfügung zu stellen. Nicht nur das, er weigerte sich sogar, die teilnehmenden Krankenhäuser oder gar die Länder zu nennen.

Im Juni 2020 berichtete das Magazin *Science*: »Zwei führende medizinische Fachzeitschriften haben wegen Zweifeln an der Datenintegrität Arbeiten zum Coronavirus zurückgezogen … Es ging um die Sicherheit und Wirksamkeit des Malariamittels Hydroxychloroquin für Covid-19. Vor allem weil sich Trump für das Medikament aussprach, stand es bereits im Mittelpunkt einer politischen und wissenschaftlichen Kontroverse.«[16]

Im Oktober 2020 meldete *The Scientist*: »Im Mittelpunkt der Täuschung stand eine Arbeit, die am 22. Mai in *The Lancet* veröffentlicht wurde. Darin hieß es, dass Hydroxychloroquin, ein Malariamedikament, das US-Präsident Donald Trump und andere als Therapie für Covid-19 beworben hatten, bei Patienten, die wegen Covid-19 hospitalisiert waren, das Sterberisiko erhöhe ... Woher Surgispheres Datenbank stammt, muss erst noch geklärt werden – wenn sie denn überhaupt existiert, was viele Kliniker, Zeitschriftenredakteure und Forscher in Frage stellen. Die meisten Co-Autoren Desais räumen ein, sie hätten nur Datenzusammenfassungen gesehen, und unabhängige Prüfer, die die Aufgabe hatten, die Gültigkeit der Datenbank zu verifizieren, erhielten nie Zugang.«[17]

Im Juni 2020 fragte die Alliance for Human Research Protection: »Wie konnten diese Studien, die offenbar dafür entwickelt worden waren, die Wirkung eines weitverbreiteten Medikaments in ein falsches Licht zu rücken, die Peer-Review in den führenden medizinischen Fachzeitschriften der Welt überstehen – bei *The Lancet* ebenso wie beim *New England Journal of Medicine*?«[18]

Während einer Anhörung vor dem texanischen Senat sagte der Kardiologe und Medizinprofessor Peter McCullough am 10. März 2020 aus, dass sich »85 Prozent der Covid-Patienten, die eine Kombinationstherapie erhalten, mit vollständiger Immunität erholen«. McCullough sagte weiter: »Die Pandemie hätte inzwischen vorbei sein können, wären diejenigen, die positiv auf Covid getestet wurden, sofort behandelt worden, bevor sie so stark erkrankten, dass sie ins Krankenhaus mussten.« Er sagte zudem, man hätte Tausende retten können (und könne es noch immer), wäre das Behandlungsprotokoll, das er und andere Ärzte einsetzten, nicht unterdrückt worden.

Bei einem Interview mit Mark Levin von der Fox *News*-Sendung *Life, Liberty & Levin* wurde Dr. Harvey Risch sehr leidenschaftlich: »Das gab es schon früher. Jetzt haben wir Dr. Fauci, der bestreitet,

dass es irgendwelche Fakten für den Nutzen [von Hydroxychlo-
roquin] gibt«, so Risch, Professor für Epidemiologie an der Yale
School of Public Health und der Yale School of Medicine. »Die FDA
verlässt sich darauf, dass Dr. Fauci und seine NIH-Beratergruppen
Erklärungen erstellen, wonach es keinerlei Vorteile bringe, Hydroxychloroquin bei ambulanten Patienten einzusetzen. Und dies
steht im Widerspruch zu den Fakten in diesem Fall. Die Beweis-
lage ist überwältigend. Dr. Fauci und die FDA machen dasselbe wie
1987 und das hat zum Tod von Hunderttausenden Amerikanern
und Amerikanerinnen geführt, die man durch den Einsatz dieses
Medikaments hätte retten könnten! Das ist ungeheuerlich!«[19]

Dr. Faucis Pflichtverletzungen enden aber nicht damit, den Einsatz schlechter Medikamente anzuordnen. Es ist bekannt, dass
sein bevorzugtes Mittel für das Testen auf Infektionskrankheiten
der PCR-Test ist. PCR steht für »Polymerase Chain Reaction« (Po-
lymerase-Kettenreaktion), eine Methode, die derzeit als Goldstandard für das Testen auf Covid-19 gilt.

Erfunden wurde die PCR-Technologie von Dr. Kary Mullis, der
dafür mit dem Nobelpreis in Chemie ausgezeichnet wurde. Er hat
wiederholt öffentlich erklärt, dass man seine Erfindung eigentlich
überhaupt nicht für die Diagnose von Infektionskrankheiten nutzen dürfte. Im Juli 1997 sagte Dr. Mullis auf einer Veranstaltung
namens »Corporate Greed and AIDS« (»Die Gier der Unternehmen und Aids«) in Santa Monica, Kalifornien, vor laufenden Kameras: »Mit PCR können Sie praktisch alles bei jedem finden. Es
führt dazu, dass Sie anfangen, an die buddhistische Vorstellung zu
glauben, wonach alles in allem enthalten ist, oder? Wenn Sie nämlich ein einziges Molekül zu etwas vervielfältigen können, was sich
messen lässt – und PCR kann das –, dann gibt es nur sehr wenige
Moleküle, von denen Sie nicht mindestens eines in Ihrem Körper

haben. Verstehen Sie? Das könnte man als einen Missbrauch bezeichnen, nur um zu behaupten, dass es sinnvoll ist.«

»Das Hauptproblem bei PCR-Tests ist, dass sie leicht manipuliert werden können«, sagt Mikki. »Der Test ist ein zyklischer Prozess, bei dem mit jedem Zyklus die Sensitivität steigt. Auf Molekularebene tragen die allermeisten von uns bereits Spuren von Genfragmenten in uns, die dem Coronavirus ähnlich sind. Indem man einfach die Zahl der Zyklen erhöht, kann ein negatives Ergebnis in ein positives verwandelt werden. Aufsichtsgremien wie die CDC und die WHO können die Zahl der Fälle ganz einfach dadurch steuern, dass sie die Medizinindustrie anweisen, den Ct-Wert [die Zahl der Zyklen] zu erhöhen oder zu senken.«

Die *New York Times* schrieb im August 2020, dass »bei einem Ct jenseits von 34 nur sehr selten lebende Viren entdeckt werden, aber in den allermeisten Fällen tote Nukleotide, die nicht einmal ansteckend sind. In Übereinklang mit den Empfehlungen von CDC und WHO haben viele führende US-Labors Tests mit einem Ct-Wert von 40 oder höher durchgeführt. Die *NYT* untersuchte Daten aus Massachusetts, New York und Nevada und kam dabei zu dem Schluss, dass bis zu 90 Prozent der Personen, die positiv getestet wurden, kaum Virus in sich trugen.«[20] 90 Prozent!

Im Mai 2021 änderte die CDC die Grenze für PCR-Tests von 40 auf 28 Zyklen oder niedriger für Geimpfte. Diese eine Korrektur der Zahlen erlaubte es den Impfbefürwortern, die Impfstoffe als großen Erfolg hinzustellen!

Bei einem Interview, das er im April 2020 mit der Journalistin Celia Farber für *Uncover DC* führte, sagte der kanadische Wissenschaftler David Crowe, Biologe und Präsident von Rethinking

AIDS: »Zieht man die Grenze [für PCR-Tests] bei 20 [Zyklen], wäre alles negativ. Zieht man sie bei 50, sind möglicherweise alle positiv.«

In einem Interview mit Gary Null, dem Gastgeber einer Radio-Talkshow, bekundete Dr. Mullis im Mai 1996, dass seine Erfindung missbraucht worden sei, um die Zahlen von Aidsfällen zu verfälschen: »Die Zahl der gemeldeten Fälle stieg exponenziell an, weil die Zahl der durchgeführten Testungen exponenziell gestiegen war.«[21]

Dr. Mullis sagte weiter: »Diese ganze Sache ist ein einziger großer Betrug. Leute wie Fauci schwingen sich auf und halten große Reden. Er weiß im Grunde über gar nichts wirklich Bescheid. Und ich würde ihm das ins Gesicht sagen. Er sollte nicht in so einer Position sein, wie er es ist. Die meisten Leute ganz oben an der Spitze sind einfach nur Verwaltungsleute und haben überhaupt keine Ahnung davon, was an der Basis los ist. Diese Leute verfolgen eine Agenda und wir hätten gerne, dass dem nicht so wäre, schließlich bezahlen wir sie dafür, dass sie sich um unsere Gesundheit kümmern. Sie machen ihre eigenen Regeln. Und sie ändern sie, wie es ihnen gerade passt. Tony Fauci hat kein Problem damit, sich im Fernsehen vor die Leute zu stellen, die sein Gehalt bezahlen, und direkt in die Kamera zu lügen.«

Dr. Mullis vertrat die Ansicht, Dr. Fauci und andere auf höchster Ebene wüssten alle über den Schwindel Bescheid: »Sie möchten nicht, dass Menschen wie ich losziehen und ihnen derartige Fragen stellen. Und sie sind bereit, alles zu tun, um das zu verhindern.«

Am 7. August 2019, 7 Monate vor der Covid-19-Pandemie, starb Kary Mullis an einer Lungenentzündung.

Im August 2021 kam ein Bericht im *Journal of Infection* zu folgendem Schluss: »Angesichts unserer Erkenntnisse, wonach über die Hälfte [50 bis 75 Prozent] aller Personen mit positivem PCR-Test wahrscheinlich nicht infektiös waren, sollte ein positiver Befund eines RT-PCR-Tests nicht als genaue Messung einer infektiösen SARS-CoV-2-Inzidenz angesehen werden.«[22]

Während seines Interviews mit Celia Farber für *Uncover DC* sprang David Crowe dem verstorbenen Dr. Mullis bei: »Ich bin traurig, dass Kary nicht hier ist und seine Arbeit verteidigen kann«, sagte er. »Er hat keinen Test erfunden. Er hat eine sehr mächtige Technologie erfunden, die missbraucht wird.« Nur 3 Monate nach dem Interview, im Juli 2020, starb David Crowe an Krebs.

Ein Jahr später, im Juli 2021, veröffentlichte die CDC auf ihrer Webseite ohne großes Tamtam diese Laborwarnung: »Zum 31. Dezember 2021 wird die CDC den Antrag an die Food & Drug Administration (FDA) für die Notfallzulassung (Emergency Use Authorization, EUA) des CDC 2019-Novel-Coronavirus (2019-nCoV) Echtzeit-RT-PCR-Diagnostikpanels zurückziehen, das im Februar 2020 ausschließlich für den Nachweis von SARS-CoV-2 eingeführt wurde. Die CDC informiert klinische Labore im Vorfeld, damit diese ausreichend Zeit hätten, eine der vielen von der FDA zugelassenen Alternativen auszuwählen und einzuführen. In Vorbereitung auf diese Umstellung empfiehlt die CDC klinischen Laboren und Teststellen, die mit dem CDC 2019-nCoV RT-PCR-Verfahren gearbeitet haben, einen anderen von der FDA genehmigten Covid-19-Test auszuwählen und mit dem Umstieg zu beginnen.«

Kurz nach dieser schockierenden Ankündigung der CDC berichtete die britische *Times*: »George Soros und Bill Gates sind Teil

eines Konsortiums, das einen britischen Hersteller von Schnell-
tests unter anderem für Covid-19 und Tropenkrankheiten auf-
kauft, um ihn in ein soziales Unternehmen umzuwandeln.«[23] In
Plandemic verrät Dr. Mikovits, welche Absichten hinter dieser
medizinischen Korruption ihrer Meinung nach stehen. Auf die
Frage nach dem beunruhigenden Thema »Interessenkonflikte«
machte sie einen klaren und präzisen Lösungsvorschlag: »Schafft
das Bayh-Dole-Gesetz ab.«

Das Bayh-Dole-Gesetz (auch als Patent & Trademarks Law Amend-
ment Act bekannt) wurde 1980 vom amerikanischen Kongress
verabschiedet und räumt bei Bundesbehörden und Universitäten
beschäftigten Wissenschaftlern das Recht ein, persönliche Besitz-
rechte auf Erfindungen oder Entdeckungen zu beanspruchen, die
mit bundesstaatlichen Fördermitteln gemacht wurden. Anders formuliert: Steuerzahler finanzieren diese Entdeckungen mit Millionen und die Wissenschaftler verkaufen diese Entdeckungen dann
an Pharmaunternehmen, die sich ihre Medikamente wiederum
teuer von den Steuerzahlern bezahlen lassen.

Wohin das führen würde, war absehbar: Heute halten Universitäten 16-mal so viele Patente wie noch 1980. Kritiker sagen, in vielen
Fällen verleite das Streben nach Geld Wissenschaftler dazu, in Fel-
dern zu forschen, die sie reich machen –, anstatt der Menschheit
zu helfen.

»Durch das Gesetz erhielten Regierungsangestellte das Recht, ihre
Entdeckungen patentieren zu lassen und sich Entdeckungen, für
die der Steuerzahler bezahlt hat, als geistiges Eigentum schützen
zu lassen«, erläuterte Dr. Mikovits Mikki. »Diese Entwicklung in
den frühen 1980er-Jahren hat die Wissenschaft zerstört und zu
schweren Interessenkonflikten geführt.«

Das erlebte Judy im Mai 1985 unmittelbar mit, als Dr. Gallos Arbeit zum HI-Virus patentiert wurde. (Wir erinnern uns: Dr. Fauci hatte die Veröffentlichung der Studie von Dr. Ruscetti und Dr. Mikovits so weit verzögert, dass Dr. Gallo seine Studie als Erster veröffentlichen konnte.) Dr. Fauci und der spätere CDC-Chef Robert Redfield hätten zusammengearbeitet, »um die Lorbeeren zu ernten und Geld zu machen«, behauptete Dr. Mikovits. Das Duo hielt Patente auf die sogenannte IL-2-Therapie. Deshalb hätten sie Judy zufolge Studien so zugeschnitten, dass sie die patentierte Behandlungsmethode stützten, obwohl es »die komplett falsche Therapie« war.

Hätte es das Bayh-Dole-Gesetz nie gegeben und wären Wissenschaftler wie Dr. Fauci nicht in einen finanziellen Interessenskonflikt geraten, hätte es laut Dr. Mikovits schon früher bessere Behandlungsmethoden gegeben. Sie sagte, »es wären nicht Millionen an HIV gestorben«. Es war ein Wettlauf um Profit, statt ein Wettlauf um ein Heilmittel. (Vielleicht ist es kein Zufall, dass sich Dr. Fauci heute sehr offen dafür einsetzt, Patente für die Covid-19-Impfstoffe zu vergeben, obwohl es Millionen Menschen in weniger privilegierten Ländern helfen könnte, wenn diese Arzneien nicht patentgeschützt wären.)

Die amerikanische Öffentlichkeit wusste wenig darüber, in welchem Maße Wissenschaftler abkassieren. Das änderte sich 2005, als die Nachrichtenagentur *Associated Press* herausfand, dass Forscher wie Gallo, die für die National Institutes of Health arbeiteten, nahezu 9 Millionen Dollar durch ihre mit Steuergeldern finanzierten Patente eingenommen hatten. Dr. Fauci und sein Stellvertreter Clifford Lane hatten AP zufolge viel Geld mit ihren Entdeckungen im Zusammenhang mit der Behandlung von HIV und Aids in den 1980er-Jahren verdient. Dr. Fauci gab an, sämtliche Erlöse für wohltätige Zwecke gespendet zu haben, aber einen öffentlichen Nachweis dafür hat er nie erbracht.[24]

Obwohl viele durch diesen Bericht erstmals über diese Form von Interessenkonflikt erfuhren, die bei der NIH an der Tagesordnung war, waren sich die Regierungsvertreter durchaus bewusst, dass dies die Ausrichtung und die Art der Forschungsarbeit ungebührlich beeinflussen konnte. 2000 hatte Gesundheitsministerin Donna Shalala angeordnet, dass Wissenschaftler offenlegen müssten, welche finanziellen Interessenkonflikte es im Zusammenhang mit ihrer Arbeit gibt. Es wurde jedoch nichts Konkretes unternommen, um die Einhaltung dieser Regel zu überprüfen – zumindest nicht, bis die *Associated Press* das Thema ins Bewusstsein der Öffentlichkeit rückte.

Bayh-Dole und die Verlockungen der Patenteinnahmen hatten noch eine weitere Folge: Der ungebührliche Einfluss der Reichen auf die amerikanische Wissenschaft nahm zu. Leute wie der verurteilte Sexualverbrecher Jeffrey Epstein ließen Universitäten und anderen Einrichtungen Millionenbeträge zu Forschungszwecken zukommen – und diese Organisationen bettelten verzweifelt um diese milden Gaben. Dadurch erhielten diese Personen mit der Zeit eine Art akademischer Glaubwürdigkeit, die sie in den meisten Fällen nicht verdienten.

Über Bill Gates beispielsweise sagte Dr. Mikovits: »Niemand hat ihn gewählt. Er hat keinen medizinischen Hintergrund. Er hat keinerlei Erfahrung. Aber wir lassen zu, dass Menschen wie er in unserem Land eine Stimme haben, während wir das Leben von Millionen Menschen zerstören.« In der Tat hat sich Gates im 21. Jahrhundert neu erfunden. War er einst in erster Linie als Technologieunternehmer und Schöpfer von Microsoft bekannt, konzentrierte er sich seit der Gründung der Bill & Melinda Gates Foundation im Jahr 2000 vor allem auf philanthropische Arbeit. Die mit seiner Frau gegründete Stiftung ist mit einem Vermögen von 51 Milliarden Dollar die größte Stiftung der Welt und gibt als eines ihrer Hauptziele den »Ausbau der Gesundheitsversorgung« an. Für Bill und Melinda verbirgt sich dahinter in erster Linie eines: Impfstoffe.

In den Jahren 2009 bis 2015 war es die Impfallianz Gavi, die mit über 4 Milliarden Dollar von der Gates Foundation bei den Fördermitteln am großzügigsten bedacht wurde. Gavi wurde im selben Jahr wie die Gates-Stiftung gegründet, nämlich 2000. Sie wurde auch von denselben Leuten gegründet, nämlich von Bill und Melinda Gates, die zur Gründung 750 Millionen Dollar spendeten. Auf ihrer Webseite prahlt Gavi damit, »822 Millionen Kinder in den ärmsten Ländern der Welt geimpft und über 14 Millionen Todesfälle verhindert zu haben«.[25]

Gavi und Gates waren nicht nur an bestehenden Krankheiten interessiert, sie entwickelten auch Impfstoffe für Krankheiten, die noch gar keine Gefahr darstellten. 2017 beispielsweise gab die Impfallianz an, sie habe »die größte Koalition zur Verhinderung einer Pandemie« auf die Beine gestellt, die Coalition for Epidemic Preparedness Innovations (Cepi). Cepi wurde natürlich von der Bill & Melinda Gates Foundation finanziell unterstützt, aber auch durch Deutschland, Norwegen und Japan.

Ebenfalls bei Gavi und dem Pandemie-Impfprojekt der Gates' an Bord war der Wellcome Trust, hinter dem ein britischer Pharmamagnat steht. Wellcome finanziert rund um den Globus wissenschaftliche und medizinische Forschung, was dazu führt, dass die Stiftung über ein Dutzend Patente in den Vereinigten Staaten hält, etwa das im Februar 2020, also mitten während Covid, erteilte Patent für ein Rotavirus-Vakzin, das per Sprühstoß verabreicht wird. 2 Monate nach Erteilung des Patents regte ein Forscher der Indiana University Bloomington bereits an, Rotaviren dahingehend zu manipulieren, dass sie – insbesondere bei Kindern – Covid-19 verhindern. Zufall? Vermutlich nicht, wie wir noch sehen werden.

Impfstoffe können Leben retten, aber sie sind auch ein großer Geschäftszweig. Das sollte man niemals außer Acht lassen, und nur weil man das eine glaubt, heißt das nicht, dass man nicht auch das andere glauben kann. Als Mikki beispielsweise Dr. Mikovits fragte, ob sie gegen Impfungen sei, fiel ihre Antwort völlig unmissverständlich aus: »Oh, ganz und gar nicht. Tatsächlich sind Impfungen Immuntherapie, so wie Alpha-Interferon Immuntherapie ist. Insofern – nein, ich bin nicht gegen Impfungen. Mein Job ist es, Immuntherapien zu entwickeln. Und das sind Impfstoffe auch, zumindest dann, wenn sie sicher hergestellt wurden.«

Was den meisten normalen Menschen allerdings nicht bewusst ist: Es sind genau die Menschen, die sich für Impfstoffe stark machen, die dank ihrer Patente Millionen verdienen können, wenn die Impfstoffe tatsächlich eingesetzt werden. Ganz gleich, wie moralisch anständig diese Personen sein mögen, ihre Empfehlung ist dadurch fragwürdig. Wenn Sie eine medizinische Behandlung entwickeln und damit Geld verdienen, ist es allen guten Absichten zum Trotz nahezu unmöglich, dass Sie sich unvoreingenommen zur Wirksamkeit der Behandlung äußern. In jedem anderen Wirtschaftszweig ist das quasi die erste Lektion in Sachen Geschäftsmoral, doch aus irgendeinem Grund sind in der Medizinindustrie diese inzestuösen Strukturen offenkundig unethisch und werden größtenteils ignoriert.

Aber das ist noch gar nicht mal das Schlimmste: Wer es wagt, diese Interessenkonflikte zu hinterfragen, wird zensiert, angegriffen, diskreditiert und findet sich bei der Pressekonferenz in der allerletzten Reihe wieder, wenn er denn überhaupt hereingelassen wird. Viele unserer Ärzte und Wissenschaftler halten sich erhaben über jeden Vorwurf und sogar jedes Nachfragen, dabei ist es doch der Kern ihrer Arbeit, sich ständig zu kontrollieren und zu hinterfragen. Wie konnte es nur so weit kommen?

Ich möchte Ihnen ein perfektes Beispiel dafür geben, wie diese Kräfte derzeit zusammenwirken. April 2020, Covid-19 tobt. Bill Gates tingelt durch die Medien und spricht mit jedem, der ihm zuhören will. Obwohl er keinerlei medizinische Ausbildung hat, ist er doch überzeugt zu wissen, was die Allgemeinheit benötigt: »Normalität wird es erst dann geben, wenn wir die gesamte Weltbevölkerung zu weiten Teilen geimpft haben.«[26] Gleichzeitig hatte die Bill & Melinda Gates Foundation bereits Millionen Dollar für die Suche nach einem Covid-19-Impfstoff gespendet – beispielsweise 3,6 Millionen Dollar an SK Bioscience aus Südkorea, 1 Million Dollar für das chinesische Unternehmen Shanghai Zerun Biotechnology und über 4 Millionen Dollar für Biological E. Limited in Indien. Bislang haben diese Unternehmen noch keine Forschungsergebnisse vorgelegt. Sollten sie allerdings ein Patent einreichen, könnte die Bill & Melinda Gates Foundation mitkassieren.

Obwohl das Patent traditionell dem Erfinder gehört, kann es auch auf den sogenannten »Rechtsnachfolger« übertragen werden, d. h. auf die Einrichtung, die das Eigentumsrecht an dem Patent hat und daher Lizenzgebühren aus dessen Nutzung erhält. Schon jetzt steht die Bill & Melinda Gates Foundation bei diversen US-Patenten, die aus der von ihr finanziell unterstützten wissenschaftlichen Arbeit resultieren, als Bevollmächtigte auf dem Antrag. Wenn Bill Gates Impfstoffe also nicht aufgrund seines (nicht vorhandenen) medizinischen Fachwissens empfiehlt, was ist dann sein Beweggrund?

Bei einem Interview mit *CNBC* fragte die Journalistin Becky Quick Herrn Gates: »Sie haben in den vergangenen zwei Jahrzehnten 10 Milliarden Dollar in Impfstoffe investiert und die Renditen für diese Investition berechnet. Das hat mich ziemlich erstaunt. Können Sie die Zahlen mit uns durchgehen?« Bill Gates erwiderte: »Die Rendite beträgt mehr als 20 zu 1. Sieht man sich also einfach nur den wirtschaftlichen Nutzen an, ist das im Vergleich zu allem anderen schon eine sehr hohe Zahl.«[27]

Bill Gates ist nicht der einzige, der finanzielle Verbindungen zu exakt den Behandlungsmethoden hat, die er versucht, populär zu machen – im Gegenteil. Ärzte und Wissenschaftler im medizinisch-industriellen Komplex halten Tausende Patente und streichen auf diesem Weg regelmäßig Profite ein.

Das Interview mit Dr. Mikovits – und im Grunde ihre gesamte Karriere – zeigt, wie sich in den Vereinigten Staaten Geld, Wissenschaft, Politik, Medien und Machtblöcke überlappen. Mitten in einer Pandemie gab es keine wichtigere Geschichte zu erzählen.

»Ganz am Anfang dachte ich, schlimmstenfalls schneide ich das für Judy zusammen. Ich bezahle dafür aus eigener Tasche und mache es ihr für alles, was sie gegeben hat, zum Geschenk«, sagte Mikki. »Ich dachte, wenn sie loszieht und versucht, ihren Film machen zu lassen oder mehr Menschen davon zu erzählen, was sie erlebt hat, dann kann sie dieses Interview wenigstens nutzen, um ihre Sache voranzutreiben. Und dass damals absehbar war, dass Anthony Fauci seine Position als ›Amerikas Arzt‹ wieder einnehmen würde, weckte in mir das Bedürfnis, den Menschen zumindest die bislang verborgenen Informationen zukommen zu lassen, damit sie qualifizierte Entscheidungen über ihre Gesundheit und ihre Zukunft machen können.« Aus diesem »kleinen Gefallen« erwuchs rasch etwas viel Größeres.

»Damals befanden wir uns in einem Trend, bei dem die #MeToo-Bewegung und ›Believe Women‹ sehr stark dominierten. Das brachte mich zum Nachdenken. Wenn das ein echtes Leitbild ist, nach dem wir wirklich leben wollen, dann ist es doch nur gerecht, dass die Leute die Chance bekommen, diese Frau zu hören«, erzählte Mikki. »Es ist wichtig, Menschen, denen Unrecht angetan wurde, eine Stimme zu geben und das gilt ganz besonders für Frauen in der Männerwelt namens Wissenschaft.«

Schließlich war das Video fertiggestellt und Mikki wusste eines ganz genau: Die Welt musste es zu sehen bekommen.

Kapitel 3

Die Widerleger widerlegen

»Alle Wahrheit durchläuft drei Stufen.
Zuerst wird sie lächerlich gemacht
oder verzerrt. Dann wird sie bekämpft.
Und schließlich wird sie als
selbstverständlich angenommen.«

Arthur Schopenhauer

Mikki und sein oberster Rechercheur Nathaniel arbeiteten rasch und leidenschaftlich an *Plandemic 1*. »Bevor wir auf ›Senden‹ drückten, überprüften wir gründlich jede einzelne Behauptung, die Dr. Mikovits aufgestellt hatte. Wir waren zuversichtlich, dass die von ihr gemachten Angaben zutreffend waren oder in der Frage zumindest kein wissenschaftlicher Konsens herrschte«, sagte Mikki.

Am 4. Mai war es soweit. »Bevor wir auf ›Senden‹ drückten, riefen wir ›*May the 4th be with us!*‹. Das war unsere spielerische Art, das Universum um Hilfe und Unterstützung zu bitten.«* Mit angehaltenem Atem verfolgten Mikki und Nathaniel von ihrem Büro in Ojai aus, wie das 26-minütige Video auf Facebook und YouTube hochgeladen wurde.

»Das Video ging in einer Art und Weise viral, die unsere kühnsten Erwartungen übertraf«, sagte Mikki. »Ich hatte damit gerechnet, dass es vielleicht ein paar Hunderttausend Abrufe bekommen würde, möglicherweise sogar eine Million oder so. Ich wusste, es würde den Menschen nicht egal sein, dafür haben zu viele durch schlechte Medizin Unrecht erlitten. Ich hoffte, die Menschen würden intuitiv und sensibel genug sein, mit Judy mitfühlen und erkennen zu können, dass ihre Worte wahrhaftig waren.«

Rasch erzielte das Video Hunderttausende, dann Millionen Aufrufe. Nach einer Woche war es über 100 Millionen Mal aufgerufen worden, weil Menschen aus aller Welt es auf ihren eigenen Social-

---

* Anm. d. Verlags: In der Filmreihe *Krieg der Sterne* heißt der Spruch »Möge die Macht mit dir sein« im Original »May the force be with you«. Wegen seiner sprachlichen Ähnlichkeit haben *Krieg der Sterne*-Fans den 4. Mai (»May fourth«) zum inoffiziellen Feiertag erkoren.

Media-Plattformen teilten. Mikki und sein Team hatten durchaus damit gerechnet, dass das Video in einigen Bereichen Wellen schlagen würde, aber das hier kam einem Tsunami gleich.

Kaum jemand wusste, dass hinter dieser Bombe, die da explodiert war, bloß eine kleine Truppe steckte, die in einem unscheinbaren Büro auf dem Gipfel eines Bergs hockte. Um sie herum ging das Leben in Ojai seinen ganz normalen Gang. Möglicherweise hatten nicht einmal die Leute vom Coffeeshop im Erdgeschoss eine Ahnung, was da über ihnen entfesselt worden war. Dabei hatte das Team nur eine Stimme teilen und einen alternativen Blickwinkel auf einen der folgenreichsten Momente in der Geschichte Amerikas und der ganzen Welt anbieten wollen.

»Die ersten Reaktionen waren in überwältigender Mehrheit positiv. Menschen aus aller Welt teilten das Video und bedankten sich in Kommentaren bei Dr. Mikovits für ihren Mut«, sagte Mikki. Dann tauchten die Kritiker auf. Amerikanische Medien und Faktenchecker ergriffen beispiellose Maßnahmen, um die Überbringer der Nachricht zu verleumden und zu vernichten.

»Das sind Alchemisten, die im Rückwärtsgang feststecken und alles Schöne in etwas Hässliches verwandeln«, sagte Mikki. »Jede gute Tat, die ich je vollbracht hatte, wurde über Nacht zum Beweis dafür, dass man mir nicht trauen könne. Onlinevideos von einem 50. Geburtstag wurden als Treffen einer Sekte dargestellt. Meine Frau, eine der sanftmütigsten Frauen auf diesem Planeten, wurde als eine Isebel* verleumdet. Aufgrund dieser unberechtigten Ver-

---

* Anm. d. Verlags: In der Bibel kommt sowohl im Alten wie auch im Neuen Testament eine Isebel vor, in beiden Fällen hat sie einen schlechten Ruf.

leumdungen forderten besorgte Bürger, dass man unsere Kinder unter Schutzaufsicht stellen sollte.«

Mikki weiter: »Das mitanzusehen, erinnerte mich an einen Medienauftrag, an dem ich 2007 beteiligt war. Wir filmten am Pier von Santa Monica einige unschuldige Augenblicke: Eine Mutter gab ihrem Kind die Brust. Ein Clown verknotete Luftballons zu Tieren. Paare küssten sich. Kinder spielten an Automaten und so weiter. Aus diesem Material entwickelten wir zwei Versionen von ein und demselben Kurzfilm. Version eins war mit einem positiven Soundtrack unterlegt, Version zwei mit Musik aus Horrorfilmen. Die Bilder waren identisch, aber bei den Befragungen ergab sich, dass das Publikum zwei völlig unterschiedliche Filme gesehen hatte. Die stillende Mutter verwandelte sich von ›wunderschön‹ in ›unheimlich‹, der ›niedliche‹ Clown wurde ›furchteinflößend‹, das küssende Paar war jetzt ›verstörend‹. Und die Kinder in der Spielhalle waren ›in Gefahr‹. Ein Soundtrack. So einfach lässt sich ein Publikum manipulieren. Und die Meister der Propaganda wissen das besser als sonst jemand.«

»Als Veteran der Medienproduktion hat es mich nicht überrascht, mit welch schmutzigen Taktiken sie unseren guten Ruf in den Dreck zogen«, sagte Mikki. »Was mich jedoch schockiert hat, war, wie leicht sich so viele Bürger und Bürgerinnen von diesen Tricks hinters Licht führen lassen. Menschen, die noch wenige Tage zuvor begeisterte Unterstützer gewesen waren, entschuldigten sich auf einmal öffentlich dafür, dass sie *Plandemic* geteilt hatten.«

»Dieselben Menschen, die wenige Stunden zuvor meinen Posteingang noch mit virtuellen Lobeshymnen geflutet hatten, begannen nun, sich öffentlich von mir zu distanzieren. Ich wandte mich an einige dieser Leute und fragte: ›Glaubt ihr wirklich den Medien eher als jemandem, den ihr seit über 20 Jahren kennt?‹ Wie Roboter antworteten sie mit programmierten Argumenten: ›Dein Film ist gefährlich. Er wird Menschen töten. Bill Gates und Anthony Fauci sind Helden. Ein Impfstoff ist unsere einzige Hoffnung.‹«

Mikki weiter: »Unsere kollektive Psyche hat schweren Schaden genommen durch die Medien und diejenigen, die sie kontrollieren. Und dennoch: Wenn sich an der Zahl der Entschuldigungen, die ich derzeit tagtäglich erhalte, in irgendeiner Form ein Richtungswechsel ablesen lässt, dann wird der ›Great Reset‹ durch das ›Great Awakening‹ abgelöst.«

Ich gehöre zu den Menschen, die die Nase gerümpft haben über *Plandemic*. In meinem Facebook-Feed habe ich einfach weitergescrollt, ohne es mir anzusehen. Die Leute, die den Film teilten, und die Reaktionen anderer, denen ich vertraute, genügten mir, um einen Bogen darum zu machen. Ich war die Art von Mensch, die mit den Augen rollte, wenn es um »Impfgegner« ging, und die zustimmend nickte, wenn ein »Glaubt-der-Wissenschaft«-Tweet kam. Meine jahrelange Arbeit als Reporterin hatte mich gelehrt, der Regierung nicht zu trauen, aber ich wusste auch, dass jede große Nachrichtengeschichte einen gewissen Anteil durchgeknallter Verschwörungstheoretiker hervorlockte. Ich dachte, die *Plandemic*-Leute gehörten auch zu diesen fehlgeleiteten Spinnern.

Dann erhielt ich den Auftrag, etwas über Desinfektionsmittel zu schreiben. Da ich unbedingt die wissenschaftlichen Grundlagen hinter dem Virus verstehen wollte und wissen wollte, wie man es stoppen kann, nahm ich mir die Originaldokumente vor – wissenschaftliche Forschungsstudien. Was ich dort las, stellte vieles von dem, was CDC und WHO an Empfehlungen ausgab, direkt in Frage (abgesehen davon änderten sich die Empfehlungen ohnehin immer wieder). Einige meiner Schlussfolgerungen? Masken können schädlich sein. Sich die Hände zu waschen, ist nur begrenzt hilfreich. Ein sicheres und erfolgreiches Vakzin gegen das Virus ist in naher Zukunft nicht zu erwarten. Ich beobachtete, wie CDC, WHO und andere Gesundheitsorganisationen in Echtzeit die Empfehlungen auf ihren Webseiten änderten, ohne dabei zu erwähnen, dass dort am Tag zuvor noch etwas ganz anderes gestanden hatte. Es war klar, dass hier ein anderes Narrativ ablief als das, was in den Medien präsentiert wurde. Kurz darauf beschloss ich, mir *Plandemic* doch selbst anzusehen.

Ich betrat den Kaninchenbau* und tauchte ein in die Informationen, die der Film enthält. Das Ergebnis ist – wie Sie sehen werden – dieses Buch. Nicht viele meiner journalistisch arbeitenden Kollegen und Kolleginnen waren bereit, diese Arbeit auf sich zu nehmen.

»Ich hatte vielleicht ein paar Dutzend Leute, darunter einige Journalisten, die sich tatsächlich die Zeit genommen haben, eigene Recherchen anzustellen«, erzählte mir Mikki. »100 Prozent der Leute, die das getan haben, sind zum Ausgangspunkt zurückgekehrt und sagen: ›Was zur Hölle ist hier los? Wie kann dieser Film angeblich komplett widerlegt sein, wenn doch alle Fakten passen?‹«

Der Film sei »widerlegt«, ließen die Kräfte, die das globale Narrativ kontrollieren, verlauten und zwang die Bürger und Bürgerinnen damit, den Dingen nicht weiter auf den Grund zu gehen

---

* Anm. d. Verlags: »*Down the rabit hole*« ist im Englischen eine Metapher dafür, in einen langen und verzweigten Tunnel zu gelangen, der scheinbar kein Ende hat.

und stattdessen einfach wegzuschauen. Mikki und seinem Team kam es vor, als würde in ihrem Posteingang jede Minute eine neue Benachrichtigung mit einer vernichtenden Kritik durch einen anderen Nachrichtenkanal landen. In ihrer Eile, ihren Verriss unters Volk zu bringen, übersahen viele Medien zentrale Punkte der Argumentation, aber das *Plandemic*-Team versuchte dennoch, sich seinen Geist offener Zusammenarbeit zu bewahren, also schrieb es die Medien an und bat die Kritiker, ihre eigenen Artikel zu aktualisieren.

Offenbar war niemand neugierig oder bereit, die Parteilinie in Sachen Pandemie in Frage zu stellen. Das *Plandemic*-Team lief gegen eine unnachgiebige Mauer, und es sollte noch schlimmer kommen. Natürlich sollte der Film provozieren. Die Macher hatten sich im Mediengetöse Gehör verschaffen und zu den Menschen durchdringen wollen. Das bedeutete aber keineswegs, dass der Inhalt falsch war. Oftmals ist nichts so provokant wie die Wahrheit.

Am 6. Mai, 2 Tage nach Veröffentlichung, traf eine weitere Atombombe das Team – das Video verschwand. Auf Facebook, YouTube, Twitter und überall im Internet meldeten Unterstützer, dass ihre Videos gelöscht würden. Es war etwas Seltsames im Gange.

Ein Facebook-Sprecher erklärte später gegenüber der *Los Angeles Times*: »Die Andeutung, das Tragen einer Maske könne den Träger krank machen, könnte unmittelbar zu Schaden führen, deshalb haben wir das Video entfernt.«[28] Das bezog sich auf eine Behauptung, die Dr. Mikovits im Video aufgestellt hatte, wonach das Tragen einer Maske »das Virus aktiviere« und es deshalb gefährlicher sei als sein Gesicht gar nicht zu bedecken. Was man bei Facebook offenbar vergessen hatte: Zu Beginn der Pandemie hatten CDC, Gesundheitsministerium, Gesundheitsminister und andere Vertreter der Regierung allen geraten, keine Masken zu tragen.

Egal, wie logisch die Begründung nun gewesen sein mochte: Andere Websites zogen rasch nach, und nachdem das Video wie ein Flächenbrand um sich gegriffen hatte, wurde dieses Feuer nun rasch gelöscht. YouTube gab als Begründung an, dass man dort »regelmäßig Inhalte entfernt, die medizinisch nicht begründete diagnostische Ratschläge für Covid-19 enthalten«. Mikki und das Team wussten nicht, was an dem Video »diagnostisch« gewesen sein soll, aber die Videoplattform sah sich nicht bemüßigt, ihre Entscheidung näher auszuführen.

Bei Vimeo hieß es, man sei »fest entschlossen, unsere Plattform freizuhalten von Inhalten, die schädliche und irreführende Gesundheitsinformationen verbreiten. Das fragliche Video wurde von unserem Trust-&-Safety-Team entfernt, weil es gegen eben diese Vorgaben verstößt«.

Twitter schien die einzige Plattform zu sein, auf der man *Plandemic* leben ließ, auch nachdem das Video von anderen Seiten verschwand, blieb es dort weiter in Umlauf. Gleichzeitig jedoch fiel auf, dass die Hashtags #PLANDEMICMovie und #Plagueof-Corruption (für das Buch von Dr. Mikovits) weltweit boomten, dann aber schlagartig aus den Suchergebnissen verschwanden. Bei Google war *Plandemic* ohnehin praktisch unsichtbar.

Und trotzdem: Das Video hatte Spuren hinterlassen. Die *New York Times* beschrieb in einem Artikel die Auswirkungen, die das Video online gehabt hatte – dass es andere Trendthemen wie die Wiedervereinigung der Schauspieler von *The Office* ebenso in den Schatten gestellt hatte wie das neue Video von Taylor Swift und die

Bestätigung des Pentagons, dass es so etwas wie unbekannte Flug-körper, »unidentified aerial phenomena«, gibt.[29]

»Dank der Macht des Volks und der durch die Zensoren angefach-ten Neugier wurde *Plandemic 1* über 1 Milliarde Mal abgerufen und stellte damit einen Weltrekord auf«, sagte Mikki. Die digitale Zensur war eine weitere Wendung, die sie nicht hatten kommen sehen, obwohl Dr. Mikovits sie davor gewarnt hatte. Wie so viele Leute dachte das Team: »Uns passiert das schon nicht. Wir sa-gen die Wahrheit.« Obwohl nichts im Video als falsch widerlegt werden konnte, wurde es abgewürgt, einfach nur aus dem Grund, dass es das vorherrschende Narrativ infrage stellte.

Um die umstrittensten Behauptungen von Dr. Mikovits zu bestä-tigen und zu verdeutlichen, bereiteten Mikki und sein Team ein weiteres Interview vor. Einer der zentralen Kritikpunkte befasste sich mit Judys Behauptung, das Tragen einer Maske »reaktiviere« das Virus. Dieser eine Punkt reichte vielen Kritikern aus, den rest-lichen Inhalt des Videos in Bausch und Bogen abzutun. Facebook hatte das Video vor allem wegen dieser Behauptung entfernt. Tat-sächlich jedoch hatten sich Facebook und die anderen Kritiker übereilt zu Wort gemeldet.

Judy hat sich vielleicht nicht präzise genug ausgedrückt, aber das ändert nichts an der Tatsache, dass das Tragen einer Maske krank machen oder erkrankte Menschen kränker machen kann. Der MIT-Wissenschaftler Yaneer Bar-Yam schrieb im April 2020 in einem Artikel, der im Magazin des New England Complex Systems Institute erschien:

> »Eine Strategie, die Übertragbarkeit von Covid zu reduzieren, be-steht im Tragen einer Maske. Trägt eine erkrankte Person jedoch

eine Standardmaske, kann dies dazu führen, dass sie verstärkt wieder Viruspartikel einatmet. Atmet eine infizierte Person Coronavirus-Partikel aus und wieder ein, kann das schädlich sein, weil es das Voranschreiten von Covid-19 beschleunigt. Zu Infektionen kommt es anfänglich, weil man Coronavirus-Partikel inhaliert oder das Gesicht berührt. Hat sich die Infektion in der Nase oder der Lunge festgesetzt, repliziert sich das Virus und die Partikel werden ausgeniest, ausgehustet oder ausgeatmet. Diese Partikel können dann andere infizieren und können auch wieder eingeatmet werden. Der Verlauf der Krankheit ist ein Wettlauf zwischen der Virusreplikation und der Eliminierung durch das Immunsystem. Partikel wieder einzuatmen, erhöht die Menge an Virus (Viruslast) und kann neue Infektionsherde innerhalb der Lunge verursachen.«[30]

Obwohl sie das Gefühl haben mögen, sie seien vollständig wiederhergestellt, können Covid-19-Patienten bis zu 31 Tage lang Viren freisetzen, besagen andere Studien. Tragen diese Patienten eine Maske und atmen die Viruspartikel wieder ein, können sie eine völlig neue Lungeninfektion bekommen.

Und Yar-Bam weist noch auf einen anderen Punkt hin: »Weil 80 Prozent der Fälle mild verlaufen«, könnte ein reduziertes Wiedereinatmen ebenso die Zahl der Menschen verringern, »die einen schweren Krankheitsverlauf erleiden, und damit die Gesamtfolgen der Krankheit«. Er regt an, in jeder Situation das Risiko, Viruspartikel wieder einzuatmen, gegen das Risiko, Viruspartikel in die Richtung von Menschen in der Umgebung auszuatmen, abzuwägen. Das allerdings würde voraussetzen, dass man seinen gesunden Menschenverstand einsetzt, was die Regierung den meisten Menschen wohl nicht zuzutrauen scheint.

Also: Wurde in *Plandemic* tatsächlich, wie von den Neinsagern behauptet, die These aufgestellt, dass Masken das Virus verursachen? Nicht ganz. Die Wahrheit war deutlich weniger provokant. Letztlich sagt Dr. Mikovits ganz klar, dass das Tragen einer Maske in der oben beschriebenen Weise das Virus reaktivieren kann. Eine unverfängliche Aussage, die zu einem Aufreger umgedeutet wurde. Das trifft auf zahllose weitere Punkte in *Plandemic 1* zu.

Kapitel 4

Plandemic 2

»Wer die Freiheit aufgibt,
um Sicherheit zu gewinnen,
wird am Ende beides
verlieren.«

Benjamin Franklin

Ojai | Kalifornien
Juli 2020

Nie zuvor gab es dermaßen viel Transparenz und Offenheit gegenüber neuen Ideen. Niemals zuvor gab es dermaßen viel Stammesdenken, Falschinformationen und Giftigkeit im Namen der Wahrheit. Das Internet hat beides möglich gemacht und möglicherweise war sich niemand dieses Dilemmas stärker bewusst als das *Plandemic*-Team im Sommer 2020.

Noch immer wütete das Coronavirus unter uns und einige der schlimmsten Vorhersagen des Films hatten sich bewahrheitet. Unterdessen wurde das Team weiter von Hetzern und Kritikern mit Verleumdungen und Anfeindungen überzogen. Ganz oft wurden dem Team Dinge vorgeworfen, die es niemals gesagt hatte.

»Ein riesiges Geschrei veranstalteten die Medien darum, dass wir Archivmaterial verwendet hatten, um einige Augenblicke in der Geschichte von Dr. Mikovits optisch zu untermalen«, sagte Mikki. »Während Judy die Geschichte ihrer Verhaftung erzählt, nutzten wir, weil wir die tatsächlichen Aufnahmen nicht hatten, einen Clip aus einer Videobibliothek. Wer sich auch nur ein klein wenig mit den Grundregeln des Dokumentarfilms auskennt, der weiß, dass die Verwendung der sogenannten ›B-Roll‹ allgemein üblich ist. Die eigentliche Frage lautet: ›Haben wir die Nachstellung ehrlich dargestellt?‹«

»Judy sagt, der von uns verwendete Clip sei milde gewesen im Vergleich zu der tatsächlichen Polizeirazzia, die in ihrem Haus stattfand. Wenn überhaupt, haben wir den Moment also heruntergespielt. Und dennoch behaupteten Kritiker, das sei der Beweis dafür, dass wir die gesamte Geschichte erfunden hätten.«

Insgesamt schien der Großteil der Kritik nichts mit der Argumentation des Teams zu tun zu haben. Es ging viel mehr darum, den Charakter von Dr. Mikovits durch den Schmutz zu ziehen. Ja, es stimmt, sie ist kompliziert, aber das macht sie nicht zur Lügnerin. Das Hauptargument vieler Menschen schien zu sein: »Aber sie wurde doch verhaftet!« Den Menschen war es egal, dass das *Plandemic*-Team das alles vor Beginn des Projekts gewusst hatte. Tatsächlich lag ihm der Haftbefehl vor – ein Haftbefehl, der keine Unterschrift trug und somit ungültig war. Genau, wie sie behauptet hatte, wurde nie Anklage gegen Dr. Mikovits erhoben. All das war egal – Judy Mikovits war vor dem Gericht der öffentlichen Meinung bereits für schuldig befunden worden.

»Wie jeder von uns ist auch Judy Mikovits nicht perfekt«, sagte Mikki. »Aufgrund dessen, was sie durchgemacht hat, überlagern ihre Gefühle manchmal ihre Fähigkeit, so zu kommunizieren, wie man es von einer Wissenschaftlerin ihres Formats erwarten würde. Wer diese menschlichen Schwächen allerdings aufbläht, lenkt damit nur vom Inhalt ihrer Aussage ab – ein schwerer Fehler.«

Um nicht noch einmal in diese Falle zu tappen, beschloss Mikki, für *Plandemic 2* mit anderen Whistleblowern zu sprechen. »Ich wusste, die Welt würde uns extrem genau auf die Finger schauen, also stellte ich dieses Mal ein Team von Rechercheuren ein, um sicherzustellen, dass jede in Teil 2 aufgestellte Behauptung unangreifbar ist. Ich holte außerdem meinen Freund, den Produzenten Erik, und meinen langjährigen Kreativpartner Gabriel mit dazu«, erklärte Mikki. »Während des Lockdowns begannen wir, über Zoom Interviews zu führen.«

»Trotz der Art und Weise, wie der erste *Plandemic*-Film angegriffen wurde, stellte ich zu meiner Überraschung fest, dass viele
hochrangige Fachleute bereit waren, ihre Karriere und ihr Leben
zu riskieren, um mit uns zu arbeiten. Es war eine Ehre, mit führenden Virologen, Immunologen, Fachleuten für Infektionskrankheiten und sogar einigen Nobelpreisträgern sprechen zu dürfen. Dass
derart viele angesehene Autoritäten bereit waren, ein derartiges
Risiko auf sich zu nehmen, war für mich ein Beleg dafür, wie kor-
rupt die Medizinindustrie ist. Ich habe im Verlauf des Prozesses so
viel gelernt!«, räumte Mikki ein.

»Ich hatte weit über 30 Interviews abgeschlossen, als mir Freunde
Nachrichten schickten, ich solle mir doch mal den Patentexperten
Dr. David Martin ansehen. Einer meiner Rechercheure, Sean, be-
stand darauf, dass ich Dr. Martin interviewe. Er teilte eines von
Davids Videos mit mir und ganz ehrlich: Die Informationen über-
stiegen mein Verständnis. Ich konnte die Tragweite dessen, was
Dr. Martin vermittelte, nicht vollständig erfassen. Aber ich ver-
traute meinem Team und stimmte einem Zoom-Anruf zu.«

Dieses Gespräch begann wie alle anderen Interviews, die Mikki geführt hatte. »Mitten im Interview, David war gerade voll im Gange,
lehnte ich mich an meinem Computerbildschirm vorbei und suchte Augenkontakt zu Erik«, erinnerte sich Mikki. »Ich sagte lautlos:
›Hören wir auf.‹ Erik flüsterte: ›Warum, was stimmt nicht?‹ Ich
sagte: ›Dieser Typ ist genial. Wir müssen dieses Gespräch persönlich führen. Buch' ihn auf den nächsten Flug.‹«

Am darauffolgenden Tag war Dr. Martin in Ojai. Was er an Informationen geteilt hatte, war derart präzise und kritisch, dass
es dem gesamten Narrativ des Projekts eine völlig neue Richtung
gab. Später fragte ich Dr. Martin, was ihm durch den Sinn ging,

als er sich dazu entschloss, sich bei diesem Projekt voll und ganz einzubringen. Zu diesem Zeitpunkt war alles, was irgendwie mit *Plandemic* zu tun hatte, mehr als umstritten. Was also waren seine Gründe dafür, dass er, ein Finanzanalyst und Wissenschaftler, sich dermaßen öffentlich mit diesen Leuten einließ? »Ich dachte mir, dass sie ein paar von meinen YouTube-Videos gehört hatten und zu demselben Schluss gekommen waren wie viele Zuschauer: Entweder ist das komplett verrückt oder es ist eine der wichtigsten Informationen, die wir unter das Volk bringen müssen. Möglicherweise spielten beide Optionen in irgendeiner Form eine Rolle«, lautete seine Antwort.

Dr. Martin erklärte: »Während ich nach Kalifornien flog, ging mir durch den Kopf, dass ich nicht ›der Covid-Typ‹ bin. Ich bin jemand, der auf *CNBC* und bei *Bloomberg* über die Märkte spricht. Ich bin jemand, der im Kongress über kriminelle Verschwörungen, Steuerbetrug, den Missbrauch öffentlichen Vertrauens und alle möglichen anderen Dinge aussagt.«

Und weiter: »Ob es in der Story über den Missbrauch von Brustkrebsgenen geht, um Wirtschaftsverbrechen, wenn Konzerne und Universitäten gemeinsam den Staat betrügen, um ein Versagen der Nachrichtendienste bei der Rechtfertigung für den Krieg im Irak oder um Covid-19 – ich habe dieselbe Geschichte, egal, mit wem ich rede. Dieser leidenschaftslose Teil in mir sagte also: ›Ich werde ein weiteres Interview führen, bei dem ich die Fakten einer anderen Zeit aufsage, als Patentinformationen zufällig das Ding waren, das eine große Geschichte publik machte, die von Bedeutung für die Menschheit ist.«

Als Dr. Martin in Ojai eintraf, erwartete ihn die erweiterte Filmcrew, bereit für das Interview, das zum roten Faden für einen deutlich längeren und deutlich detaillierteren Film werden würde, den das Team *Plandemic: Indoctornation* nennen sollte.

Mikki lud Dr. Martin ein, sich in den Stuhl gegenüber zu setzen. Nach etwas Geplauder und einer letzten Überprüfung, ob technisch alles in Ordnung sei, begann Dr. Martin: »Ich bin der Entwickler von Linguistic Genomics, der ersten Plattform, auf der man die Absicht von Kommunikation anstelle des literalen Artefakts der Kommunikation bestimmen kann«, erklärte er.

Linguistic Genomics ist eine Nische im Bereich der Künstlichen Intelligenz und Kommunikation und soll anstelle einer wortgetreuen Übertragung erkennen, welche Absicht hinter der Kommunikation steht. Wie das funktioniert, sieht man häufig bei Suchmaschinen, bei denen die Algorithmen im Lauf der Zeit immer stärker auf die Absicht ausgerichtet worden sind.

Ein Beispiel: Wenn Sie nach »Restaurants« suchen, wird der erste Treffer keine Definition sein und auch keine Kulturgeschichte der Gastronomie. Die Suchmaschine begreift, dass Sie aller Wahrscheinlichkeit nach einem Restaurant in Ihrer Nähe suchen und genau das wird es Ihnen liefern. Suchen Sie nach »Oscars«, taucht praktisch kein Suchergebnis auf, das mit einer Person dieses Namens zu tun hat. Stattdessen begreift die Suchmaschine, dass Sie wahrscheinlich an den Academy Awards interessiert sind, und liefert entsprechend Ergebnisse in diese Richtung. Die »literalen Artefakte der Kommunikation« – Ihre Worte – stimmen nicht mit Ihrer Absicht überein.

Auf einer höheren Ebene können Computer gewaltige Mengen an Textkommunikation analysieren und unterschwellige Botschaften und Trends herausfiltern, die Menschen möglicherweise gar nicht erkennen oder begreifen. Dr. Martin erklärte: »Wir haben diese Technologie für eine Reihe anderer Anwendungen bei Militär, Nachrichtendiensten und Finanzen eingesetzt«, um etwa anhand von Abweichungen Steuerbetrug und Muster zu erkennen, die außerhalb des menschlichen Verständnisses liegen. Dr. Martins Unternehmen arbeitet zudem mit einem Algorithmus, der Situationen erkennen soll, bei denen internationale Akteure Entscheidungen treffen könnten, die die gesamte Menschheit in Gefahr bringen.

»Wir haben eine Reihe Abfragen laufen zu jeder Person, jeder Organisation und jeder Firma, die in etwas involviert ist, das die Grenzen von biologischen und chemischen Waffen verwischt oder diese Grenze überschreitet, und das in 168 Ländern«, sagte er.

Für Mikki waren die Nachforschungen am wichtigsten, die Dr. Martin zu amerikanischen Patenten angestellt hatte. 1998 rief Dr. Martin Mosaic Collateral Asset Management (M-CAM) ins Leben. »Das Unternehmen verfolgte ein einziges Ziel. Es sollte Banken einen Mechanismus liefern, der ihnen immaterielle Vermögenswerte – Patente, Urheberrechte, eingetragene Warenzeichen und dergleichen – als Sicherheit für die Kreditaufnahme nutzbar macht«, erklärte er. »Wir dachten – naiv, wie sich herausstellen sollte –, dass das Patentoffice eine von diesen ziemlich langweiligen alten und nicht übermäßig korrupten Einrichtungen sein würde. Wir haben uns geirrt.«

1998 unterzeichnete IBM ein Abkommen mit den Vereinigten Staaten, das die Digitalisierung von einer Million Patenten erleichterte. Für Forscher wie Dr. Martin war das eine Goldmine. Wie nie zuvor wurde die Geschichte der Innovation in Amerika in einem Datensatz verwandelt, der aus unendlich vielen Perspektiven analysiert werden konnte. Forscher konnten Trends aufspüren, die neue Entdeckungen katalysieren konnten, oder auch Innovationshindernisse aufzeigen, die sich aus dem Weg räumen ließen. Was er allerdings entdeckte, war viel überraschender – und erschreckender.

»Rund ein Drittel aller in den USA eingereichten Patente waren funktionelle Fälschungen. Das bedeutet, es gab zwar linguistische Variationen, aber sie befassten sich alle mit demselben Thema. Dann gab es Fälle, bei denen das Patent eines Unternehmens auslief oder ein Erfinder von einer Firma zu einer anderen wechselte. Sie duplizierten einen Antrag, ein Prozess, der als Doppelpatentierung bezeichnet wird. Sie patentierten ihr Projekt also erneut, was gegen das Gesetz verstößt.« Es war klar, dass Unternehmen hinter der seriösen Fassade des US-Patentamts alle möglichen Tricks anwandten. Dr. Martin und sein Team lasen sich tatsächlich den Inhalt der Patente durch und nicht bloß die Zusammenfassung. Das hatten vor ihnen wohl nur wenige Amerikaner getan.

Was sie dabei herausfanden, bestärkte sie in ihrer wachsenden Sorge, dass Wissenschaftler und große Konzerne die amerikanische Öffentlichkeit über den Tisch ziehen.

»In diesen Dokumenten werden zahlreiche Dinge offengelegt, die weder im Titel, der Zusammenfassung oder einer oberflächlichen Ebene dem entsprechen, worum es in dem Patent eigentlich ging«, sagte er. »Patente für einen Atomreaktor, die im Patentamt von den für Badarmaturen zuständigen Prüfern bearbeitet wurden. Ich dachte: ›Das kann nicht wahr sein.‹ War es aber.«

Im Mai 2001 stellte Dr. Martin seine Erkenntnisse dem Kongress vor, und zwar im Unterausschuss des Repräsentantenhauses zu

Gerichten, Internet und geistigem Eigentum. Der damalige Abgeordnete Howard Berman aus Kalifornien bezeichnete Dr. Martins Erkenntnisse als »verblüffend«, während andere Ausschussmitglieder, darunter Lindsey Graham, gespannt zuhörten.*

Und noch jemand hörte sehr aufmerksam zu – die Unternehmen, deren Patente Dr. Martin durchleuchtete. »Diesen Unternehmen wurde klar: ›Oh, oh, wir haben möglicherweise Probleme‹«, erklärte Dr. Martin. »Und was haben sie getan? Sie begannen, ihre Patente Universitäten zu spenden und im Gegenzug Hunderte Millionen Dollar an Steuererleichterungen in Anspruch zu nehmen.«

Das System funktionierte so: Zunächst spendet ein Unternehmen wie DuPont oder Monsanto einer Universität ein Patent. Das Unternehmen konnte dabei dem Patent nahezu jeden beliebigen Wert beimessen, beispielsweise 50 Millionen Dollar. Diese 50-Millionen-Dollar-»Spende« machte das Unternehmen dann steuerlich geltend, gleichzeitig konnte die Universität den Staat informieren, man habe ein passendes 50-Millionen-Dollar-Darlehen von einem Unternehmen erhalten. Nun ging die Universität los und holte sich 50 Millionen Dollar in echtem Geld von Leuten wie Dr. Fauci, denn gemäß der Regeln für Bundeszuschüsse müssen Universitäten nachweisen, dass sie Partnerschaften in der Wirtschaft unterhalten.

Dr. Martin weiter: »Milliarden Dollar wurden auf diese Weise gestohlen und dem Staat aus der Tasche gezogen.« Niemand wusste davon.

---

* Anm. d. Verlags: Lindsey Graham saß von 1995 bis 2003 für die Republikaner im Repräsentantenhaus, seit 2003 ist er Senator für den Bundesstaat South Carolina. Von 2019 bis 2021 leitete er den mächtigen Justizausschuss des Senats.

»Wir fragten uns, welche kriminellen Unternehmungen und anderen illegalen Aktivitäten dort wohl sonst noch versteckt waren«, sagte er. »Erstaunlich bei alledem ist die Dreistigkeit der kriminellen Organisationen. Sie verstecken ihr Tun direkt vor unseren Augen. Sie verstecken sie an Orten, wo niemals jemand danach suchen würde. Insofern überrascht es nicht, dass Patente ein guter Ort sind, illegale Aktivitäten zu verstecken, denn niemand liest Patente.«

Unter diesen illegalen Aktivitäten sind auch solche der Regierung. Dr. Martin nannte ein Beispiel: »Es gibt Leute, die sagen, dass sich die Vereinigten Staaten ausschließlich aus defensiven Gründen mit biologischen Kampfstoffen befassen. Und dann sieht man ein US-Patent für einen sprengstoffresistenten Erreger, der mit einem Granatwerfer verschossen wird. Als ich das letzte Mal nachgesehen habe, war ein explosionsresistenter Erreger in einem Granatwerfer wohl kaum ein Impfstoff in einer Spritze.«

Seine Worte erzählen die Geschichte. Nahezu unbeabsichtigt ist Dr. Martin über das ultimative Quelldokument gestolpert, eine Art Landkarte, in der genau verzeichnet ist, was die US-Regierung, Big Business, Big Science und die akademische Welt *tatsächlich* trieben. Unter all den Schichten von Pressemitteilungen fand sich die Wahrheit schließlich in den Patenten verborgen. Und Dr. Martin grub weiter.

»Die von uns enthüllten Dinge lassen sich nur auf eine Weise bestätigen – mithilfe der digitalen Fingerabdrücke, die die Täter hinterlassen haben: den Patentanträgen selbst. Hat man die Worte, die die Leute verwenden, dann kann man sie dazu nutzen, ihre Zuschüsse nachzuverfolgen, und man kann versuchen, ihren Verbindungen nachzugehen«, sagte er.

»Es dauert nicht lange, bis man sieht, dass das Patentamt, die CDC, die FDA, die NIH und die National Science Foundation allesamt Teil dieses gewaltigen Verschwörungsnetzes sind, das im Grunde ein Weg ist, öffentliche Mittel abzugreifen und damit Unternehmensprogramme zu garantieren und, was möglicherweise am schlimmsten ist, Universitäten, die von Bundesmitteln als einer ihrer wichtigsten Finanzierungsquellen abhängig sind, exorbitante Beträge zukommen zu lassen. Das Patent steht letzten Endes für die kommerzielle Gier einer Person oder Organisation, denn definitionsgemäß stellt das Einreichen eines Patents den Versuch dar, den freien Markt zu behindern. Das hat zur Folge, dass es im ganzen System starke Anreize dafür gibt, freie Märkte zu behindern. Und es gibt einen starken Anreiz, deswegen zu lügen. Und wie sich herausstellt, geschahen genau diese zwei Dinge, während niemand allzu genau hinsah.«

Vor dem Interview mit Dr. Martin durchleuchtete ihn das *Plandemic*-Team sehr gründlich, um zu kontrollieren, ob er es wirklich ernst meint oder ob er nur ein weiterer Verschwörungsheini ist, der sich das Internet als Plattform ausgesucht hat. Die Rückmeldungen waren zu 100-prozentig eindeutig: David ist echt. Mehr noch: Als das Team ihm sagte, man habe ihn überprüft, war er nicht beleidigt, wie es manch anderer möglicherweise gewesen wäre. Stattdessen erklärte er, so etwas sei mittlerweile an der Tagesordnung.

»Wer seine Arbeit ernst nimmt, überprüft seine Quellen. Das ist mehr oder weniger die allgemeine Reaktion«, sagte er. »Die Leute finden es so unglaublich, dass es ein derartiges Ausmaß hat und derart sichtbar ist. Sie bezweifeln, dass es möglich ist.«

Im Grunde befasse sich sein Unternehmen mit Investitionen, erinnerte mich Dr. Martin. »Wegen der SEC-Vorschriften, der Bankenregeln und der internationalen Bestimmungen muss ich für sämtliche unserer Dokumente eine Kontrollkette aufrechterhalten, die den Ansprüchen des FBI genügen würde«, erläuterte er. »Wenn ich also sage, es existiert etwas, dann ist das nicht nur ein Bauchgefühl. Ich weiß: Was ich sage, ist genauso, wie ich es sage. Das ist kein Maßstab, nach dem die meisten Menschen leben.«

»Wenn mir die Leute sagen: ›Das ist unglaublich‹, dann erinnere ich sie daran, dass es hier nicht um Glauben geht«, fuhr er fort. »Es geht um Informationen, die in den meisten Fällen für den gewöhnlichen Menschen nur schwer zu finden sind. Selbst wenn Sie wissen, dass über NIAID 191 Milliarden Dollar an Staatsmitteln geflossen sind, und selbst wenn man weiß, dass eine bestimmte Summe nach China gegangen ist und eine bestimmte Summe an Nichtregierungsorganisationen, wie können Sie da je nachverfolgen, wofür das Geld ausgegeben wurde? Der beste Weg dafür sind Patente.«

Ende der 1990er-Jahre zeichnete sich in dieser Datenflut ein neuer, beunruhigender Trend ab. Allein 1999 wurden 59 neue Patente für medizinische Entdeckungen im Zusammenhang mit der Familie der »Coronaviren« vergeben. Woher kam dieses neue weltweite Interesse? Und wichtiger noch: Wohin würde es führen? Und vor allem: Warum patentierte die Universität von North Carolina im Jahr 2002, Monate vor der Entdeckung von SARS, die rekombinante Version eines Coronavirus, die speziell dafür angepasst worden war, menschliche Lungenzellen ins Visier zu nehmen?

Hongkong | China
März 2003

2003 war ein düsteres Jahr für Hongkong. Im Februar brachte die Regierung ein Gesetz auf den Weg, das es erlauben würde, Dissidenten so hart zu bestrafen, wie es seit der britischen Kolonialherrschaft nicht mehr der Fall gewesen war. Verboten werden sollte »jede Form des Landesverrats, der Sezession, des Aufruhrs und des Umsturzes, die sich gegen die Regierung der Volksrepublik China richtet«. Beobachter werteten den Vorschlag als Freifahrtschein, der es Regierungsvertretern erlauben sollte, alle Gegner zu vernichten. Es kam zu Protesten und die Augen der Weltöffentlichkeit richteten sich auf Hongkong. Als noch verheerender jedoch sollte sich erweisen, was als Nächstes geschah.

Am 11. März verzeichnete Hongkong seinen ersten Fall von SARS-CoV1, einem Coronavirus, das Atemwegsinfekte verursacht. Allein in den ersten 3 folgenden Monaten wurden nahezu 2000 Fälle festgestellt und Hunderte starben. SARS war völlig neu und noch nie bei Menschen oder Tieren beobachtet worden. Die internationale medizinische Gemeinschaft machte sich ans Werk – aber es ging nicht nur darum, Leben zu retten, wie Dr. Martin erzählte.

»2003 erkannten die Centers for Disease Control die Möglichkeit, im Zusammenhang mit den Coronavirus-Ausbrüchen, die in Asien stattfanden, eine Goldader zu erschließen«, sagte er. »Sie wussten, dass ein Virus, das bekanntermaßen leicht manipulierbar war, sehr wertvoll war, also versuchten sie 2003, einen Patentantrag darauf zu stellen. Sie stellten sicher, dass sie die Eigentumsrechte an der Krankheit, am Virus, an seiner Entdeckung und allen damit zusammenhängenden Messungen besaßen.«

CDC-Sprecher Llewelyn Grant erklärte der *Associated Press* als Reaktion auf die Behauptungen, die Dr. Martin in *Plandemic: Indoctornation* aufgestellt hatte, man habe im April 2003 das Coronavirus patentieren wollen, um zu verhindern, dass ihnen Akteure mit bösen Absichten zuvorkommen. »Der einzige Zweck des Patents besteht darin, Leute daran zu hindern, die Technologie zu kontrollieren«, betonte er. »Wir tun das, um der Industrie und anderen Wissenschaftlern vernünftigen Zugang zu den Proben zu geben.«[31]

Auf den ersten Blick mag sein Argument sinnvoll erscheinen, tatsächlich ist es jedoch offenkundig falsch. Eine Veröffentlichung der wissenschaftlichen Erkenntnisse würde es zum Teil des Gemeinguts machen, der dann nicht mehr patentiert werden könnte – von niemandem. Bei Patenten geht es nicht darum, die Forschung zu schützen. Es geht einzig um Kontrolle und kommerziellen Gewinn. Abgesehen davon: Wäre die CDC tatsächlich so stark daran interessiert, die Forschungsergebnisse öffentlich zu machen, warum hatte die Behörde dann beim Patentamt beantragt, den Patentantrag geheim zu halten?

Für Dr. Martin waren die Gründe offensichtlich. »Wir wissen, dass Anthony Fauci, dass Ralph Baric, dass die Centers for Disease Control und die lange Liste an Leuten, die für sich in Anspruch nahmen, das Coronavirus erfunden zu haben, im Mittelpunkt dieser Geschichte standen«, sagte er: »Von 2003 bis 2018 kontrollierten sie 100 Prozent des Cashflows, mit dessen Hilfe das Imperium rund um den Industriekomplex namens Coronavirus errichtet wurde.«

Mehr noch: Rechtlich betrachtet befand sich das Patent selbst in einer Grauzone. »Gemäß 35 US Code, Abschnitt 101, kann nichts Natürliches patentiert werden«, erläuterte David. »Entweder war das SARS-Coronavirus künstlich hergestellt worden, dann wäre ein Patent darauf legal, oder es war etwas Natürliches, insofern wäre ein Patent darauf illegal. Künstlich hergestellt würde es gegen Abkommen und Gesetze zu biologischen und chemischen Waffen verstoßen. Bei einer natürlichen Entstehung wäre es illegal, ein Patent darauf einzureichen. Egal wie man es dreht – beide Szenarien sind illegal.«

Zu dem Zeitpunkt, als das Patent eingereicht wurde, gab es sehr kontroverse Debatten. Rund um den Globus beeilten sich Labore in der Hoffnung auf Anerkennung für ihre frühen Entdeckungen, ihre eigenen konkurrierenden Patente einzureichen. Ein Unternehmen, das an einem Impfstoff arbeitete, drohte mit der Einstellung seiner Forschung, sollte man ihm das Patent nicht erteilen.

»Falls wir den Patentschutz nicht hätten, würden wir nicht in die Forschung investieren«, erklärte Amir Kumat, President und CEO von CombiMatrix, in einem Interview.[32]

Viele Beobachter werteten die Hetzjagd nach Patenten – und Profiten – als ein beunruhigendes Beispiel dafür, wie Big Pharma seine Grenzen überschreitet.

»Das sind Entdeckungen in der Natur und es ist Quatsch, dass wir Patente auf lebende Dinge zulassen«, erklärte der prominente Biotechnologie-Kritiker und Autor Jeremy Rifkin gegenüber *AP*. »Wir haben es Chemikern nicht erlaubt, die Periodentafel zu patentieren, es gibt kein Patent auf Wasserstoff. Und ich wüsste nicht, warum jemand Entdeckungen in der Natur patentieren können sollte.«[33]

Seit 1980 jedoch ist es in den USA erlaubt, lebende Dinge zu patentieren, sofern es sich um eine Neuentdeckung handelt, die relevant für moderne Bedürfnisse ist und die mithilfe ausgeklügelter wissenschaftlicher Methoden entdeckt wurde. Die rechtliche Begründung ist ziemlich komplex. Das Patent der CDC deckt »das isolierte Coronavirus-Genom, isolierte Coronavirus-Proteine und isolierte Nukleinsäuremoleküle« ab.

John Doll, der Leiter der Abteilung Biotechnologie im Patentamt, sagte, dies habe für die Erteilung des Patents ausgereicht: »Es muss einen realen Nutzen haben und es muss die Hand des Menschen im Spiel sein«, sagte er im Oktober 2003 in einem Bericht auf *NBC News*.[34] Die isolierten Nukleinsäuremoleküle reichten als die »Hand des Menschen« aus und 2004 erhielt die CDC ihr Patent.

Wichtig in diesem Zusammenhang: Bei Covid-19 heißt es gemeinhin, es werde vom »Coronavirus« verursacht, aber der Begriff bezieht sich auf eine Reihe klinischer Symptome und es gibt keine Hinweise darauf, die das jüngste SARS-CoV-2 in Verbindung mit einem bestimmten klinischen Ausdruck von Krankheit bringen.

Covid-19 wurde erst 2020 öffentlich (obwohl die *New York Post* im August 2020 berichtete, dass im Jahr 2012 in China Sammler von Fledermausguano identische Symptome zur Virusprobe aus Wuhan aufwiesen[35]), doch die Wissenschaftler kannten schon viel früher andere Coronaviren. Es ist vergleichbar mit einer »Spezies« in der Tierwelt.

Vielleicht war der erste Patentantrag tatsächlich von guten Absichten motiviert, aber er stellte bloß den Anfang dar: »Es wurden nicht nur Anträge auf das Virus gestellt, sondern tatsächlich auch auf seinen Nachweis und die Gerätschaften zum Messen«, erklärte Dr. Martin. »Dank dieses CDC-Patents konnten sie kontrollieren, wer autorisiert ist, unabhängige Untersuchung zum Coronavirus anzustellen, und wer nicht. Ohne Genehmigung der CDC dürfen Sie das Virus nicht betrachten, Sie dürfen es nicht messen, Sie dürfen keinen Testsatz dazu entwickeln.«

»Indem sie die Patente erhielten, die alle daran hinderten, es zu nutzen, hatten sie die Mittel, hatten sie das Motiv und vor allem hatten sie den monetären Zugewinn, den es mit sich brachte, das Coronavirus von einem Krankheitserreger in einen Profitbringer zu verwandeln«, so Dr. Martin.

Wer ist für den Schutz der Amerikaner vor dem Virus verantwortlich? Dieselben Menschen, die Milliarden verdienen würden, sollte sich das Virus zu einer Pandemie auswachsen. Selbstverständlich besteht die Möglichkeit, dass die Menschen ausschließlich aus persönlichen und gewinnorientierten Gründen heraus handelten, aber es ist nicht die einzige Lesart dieser Geschichte.

Der absoluten Mehrheit der Belegschaft bei CDC, NIH, Big Pharma und ihren zahlreichen Mitstreitern geht es aufrichtig darum, Menschenleben zu retten. Dasselbe lässt sich für die absolute Mehrheit der Menschen im Gesundheitswesen sagen. Die meisten würden lieber sterben, als ihren Eid zu brechen. Und trotzdem: Wir dürfen bei dieser Geschichte nicht aus den Augen verlieren, dass nahezu alle Personen, die daran beteiligt sind, das Pandemieproblem zu überwachen und zu lösen, dadurch, dass sie am Steuer stehen, die Aussicht auf viel Geld haben. Es ist wichtig, sich dieses Interessenkonflikts bewusst zu sein – nicht zuletzt wegen dem, was dann geschah.

Dr. Martin erzählte: »Irgendwann zwischen 2012 und 2013 passierte etwas. Die Fördermittel, die von der Bundesregierung an Orte wie Harvard, Emory, die University of North Carolina-

Chapel Hill flossen ... diese Fördermittel wurden auf einmal durch etwas eingeschränkt, was bei der NIH geschah. Die NIH erlebte einen kurzen Augenblick der Klarheit und sagte: ›Ich glaube, was wir tun, ist falsch.‹« 2014 erklärte die NIH, die »Gain-of-Function«-Forschung sei auszusetzen.

Bei dieser Art der Forschung geht es darum, die Übertragbarkeit einer Krankheit zu erhöhen. »Gain-of-Function«-Forschung ist häufig erforderlich, um besser untersuchen zu können, wie sich eine Krankheit auf den Menschen auswirkt – und wie man sie heilen kann. Ist eine Krankheit nicht stark genug, um ein Tier oder eine menschliche Zelle zu infizieren, müssen die Wissenschaftler der Krankheit »beibringen«, infektiös zu werden. Erst dann können sie die Folgen studieren.

Die Risiken liegen auf der Hand: Entwischt ein Virus, dem die Wissenschaftler beigebracht haben, Menschen zu infizieren, aus dem Labor, kann es Unheil anrichten. Trotz aller Sicherheitsprotokolle kommt es in medizinischen Laboren immer wieder zu derartigen Vorfällen und die Bedrohung für die Menschheit ist allgegenwärtig.

NIH-Direktor Francis S. Collins wird damals in einer Pressemitteilung wie folgt zitiert: »Die NIH hat derartige Studien finanziert, weil sie dazu beitragen, die Wechselwirkungen zwischen Mensch und Pathogen zu definieren, weil sie es ermöglichen, das pandemische Potenzial neu auftauchender Infektionserreger zu bewerten und weil die Erkenntnisse in die öffentliche Gesundheit und in die Vorsorge einfließen. Diese Studien gehen allerdings mit Biosicherheitsrisiken einher, die wir besser begreifen müssen. Die NIH wird an dieser Finanzierungspause festhalten, bis der vom Weißen Haus beschriebene umfassende Beratungsprozess – inklusive Beratungen mit dem National Science Advisory Board for Biosecurity (NSABB) und Rücksprache vom National Research Council der National Academies – abgeschlossen ist.«[36]

Allerdings folgte im Kleingedruckten noch etwas, was für die Coronavirus-Forscher den entscheidenden Unterschied ausmachte: »Während dieser Pause wird die NIH keine *neuen* Fördermittel für Projekte bereitstellen, die diese Experimente umfassen«, sagte Collins. Jeder, der »derzeit diese Art von Arbeit durchführt«, wurde ermutigt, die Forschung »freiwillig auszusetzen«, bis die Regierung abschließende Empfehlungen entwickelt hatte – ein Prozess, der voraussichtlich mehrere Jahre dauern würde.

Was sollte man bis dahin tun? Wie Dr. Martin erklärte: »Man verlagert die Forschungsarbeit ins Ausland. Man bezahlt das Virologische Institut Wuhan dafür, die Dinge zu tun, die in Bezug auf Moral und Legalität etwas heikel zu sein scheinen. Aber tut man das auf geradem Weg? Nein, man lässt das Geld durch eine Reihe Tarnorganisationen laufen, damit es wirkt, als würde man eine Operation in den USA finanzieren. Und die lagert dann Aufträge an das Virologische Institut Wuhan aus.«

Das Magazin *Newsweek* berichtete im April 2020: »Die NIH (mit Unterstützung von NIAID-Direktor Dr. Anthony Fauci) versprach der EcoHealth Alliance 7,4 Millionen Dollar für den Zeitraum 2014 bis 2019 für das Studium von Fledermaus-Coronaviren – und dadurch auch für die Durchführung von ›Gain-of-Function‹-Forschung. Ein Großteil dieser Mittel ging an das Virologische Institut Wuhan. Das Labor erhielt auch Millionen aus dem Programm ›PREDICT‹, das von der United States Agency for International Development finanziert wird, die eng mit der NIH zusammenarbeitet.«[37]

Warum sollte man Geld der amerikanischen Steuerzahler in ein chinesisches Labor pumpen? Allein schon deshalb, weil NI-AID-Chef Dr. Fauci trotz des Verbots entschlossen war, »Gain-of-Function«-Forschung fortführen zu lassen. Fauci, ein leidenschaftlicher Befürworter derartiger Forschung, hatte schon 2011 für die *Washington Post* einen kontroversen Gastkommentar geschrieben, in dem er darlegte, warum seine eigene »Gain-of-Function«-Forschung zur Vogelgrippe seiner Meinung nach so bedeutsam sei.

»Die Bestimmung der molekularen Achillesferse dieser Viren kann es Wissenschaftlern ermöglichen, neue Ziele für antivirale Medikamente zu identifizieren, die dazu dienen könnten, bei Risikopatienten Infektionen zu verhindern, oder dazu, Infizierte besser zu behandeln«, schrieb er zusammen mit zwei Co-Autoren am 30. Dezember 2011.[38]

»Jahrzehntelange Erfahrung hat uns gelehrt, dass die Verbreitung von Informationen aus der biomedizinischen Forschung an seriöse Wissenschaftler und Gesundheitsbeamte eine entscheidende Grundlage für die Entwicklung geeigneter Gegenmaßnahmen und letztlich für den Schutz der öffentlichen Gesundheit darstellt.«

Die Regierung von Präsident Barack Obama war anderer Meinung und 2014 wurde das Verbot ausgesprochen, was im Grunde auch das Ende der Diskussionen darstellte. Unter Präsident Donald Trump jedoch hob die NIH 2017 das Verbot auf und ließ die »Gain-of-Function«-Forschung in den USA wieder anlaufen. Allerdings gab es eine Einschränkung: Ein Geheimgremium aus Fachleuten würde Risiken und potenziellen Nutzen abwägen und bestimmen, wer künftig forschen dürfte und wer nicht.

Rund um die Welt zeigten sich Wissenschaftler empört: Derart heikle Entscheidungen sollten unter Ausschluss der Öffentlichkeit getroffen werden? Die Kritik nahm noch zu, als bekannt wurde, dass zwei riskante Grippestudien – ein Feld, auf dem Faucis Hauptaugenmerk lag – genehmigt worden waren. Anfang 2019 schrieben Tom Inglesby (Johns Hopkins) und Marc Lipsitch (Harvard) einen scharfen Gastkommentar für die *Washington Post*. Sie schlugen Alarm wegen der umstrittenen Forschungspraktiken, die nun erneut betrieben wurden.

»Wir haben ernsthafte Zweifel daran, dass derartige Experimente überhaupt durchgeführt werden sollten«, schrieben sie. »Wenn die Abwägungen hinter verschlossenen Türen stattfinden, bekommt niemand von uns die Möglichkeit zu verstehen, wie die Regierung zu ihrer Entscheidung gelangt ist, oder kann die Strenge und Integrität dieses Prozesses beurteilen.«[39]

Für Dr. Fauci und andere Wissenschaftler, die »Gain-of-Function«-Forschung betreiben wollten, sei China die perfekte verschlossene Tür gewesen, sagte Dr. Martin zu Mikki. Allen Risiken zum Trotz – und frühere Untersuchungen hatten gezeigt, dass es im Labor in Wuhan *reichlich* Risiken gab – flossen weiterhin Millionen Dollar nach Wuhan. Für die hohen Tiere der NIH hatte das den Vorteil, dass auf diese Weise die möglichen Risiken für ihren Ruf minimiert wurden.

Im Falle eines Sicherheitsverstoßes, so Dr. Martin zu Mikki im Interview mit Mikki, »könnten die USA sagen: ›China ist schuld.‹ Und China konnte sagen: ›Die USA sind schuld.‹«. Er witzelte: »Und das Coole daran: Beide sagen fast die Wahrheit. Denn sie waren es zusammen.«

Kapitel 5

Die Torwächter

»Die Medien sind die mächtigste
Einrichtung der Welt. Sie besitzen die
Macht, Unschuldige schuldig und
Schuldige unschuldig zu machen.
Das ist Macht. Denn sie kontrollieren
den Geist der Massen.«

Malcolm X

Vereinigte Staaten
März 2020

Das moderne Leben ist dermaßen rasant geworden, der unaufhörliche Ansturm von Informationen so groß, dass es den Menschen praktisch unmöglich geworden ist, sich umfassend über die Ereignisse, Personen, politischen Maßnahmen und Entwicklungen, die ihr Leben beeinflussen, zu informieren.

Wir können uns mit zahlreichen Nachrichtenquellen befassen und versuchen, uns ein ausgewogenes Bild davon zu machen, was wahr ist und was nicht. Wenn eine Geschichte in zahlreichen Medien erscheint, dann muss sie doch wahr sein, oder? Falsch. Es gibt zwar gefühlt eine unbegrenzte Zahl von Sprechern und Sprecherinnen im Fernsehen, aber die meisten von ihnen lesen dasselbe Skript ab. Die Frage ist: Wer schreibt diese Skripte? Bei Platon hieß es: »Wer die Geschichten erzählt, beherrscht die Gesellschaft.«

2013 unterschrieb Präsident Obama den National Defense Authorization Act (NDAA). Dieses Gesetz hob unter anderem Beschränkungen auf, die zuvor auf nationaler Ebene für staatlich finanzierte Medien gegolten hatten. Oder anders formuliert: Es erschuf Schlupflöcher, die es Medienunternehmen fortan ermöglichten, ihre eigene Bevölkerung mit Propaganda zu überziehen.

Am 26. und 27. März 2015 fand in Washington ein Workshop des Institute of Medicine statt. Dabei ging es darum, wie man angesichts neuer und künftiger Bedrohungen rasch und flexibel medizinische Gegenmaßnahmen auf die Beine stellen kann. NIAID-Fördermittelorganisator Peter Daszak beklagte die fehlende Unterstützung der Öffentlichkeit für die Finanzierung der Impfstoffentwicklung. Es müsse eine abgestimmte Propagandakampagne geben, die die Öffentlichkeit dazu zwinge, sich hinter eine generelle Impfung zu stellen. »Um die Finanzierungsbasis auch über die Krise hinaus aufrechtzuerhalten, müssen wir das öffentliche Verständnis für die Notwendigkeit derartiger medizinischer Gegenmaßnahmen wie etwa ein Pan-Influenza- oder ein Pan-Coronavirus-Vakzin steigern. Eine zentrale Rolle spielen dabei die Medien. Die Ökonomie folgt dem Hype. Wir müssen diesen Hype zu unserem Vorteil nutzen, um zu den wahren Themen zu gelangen. Investoren werden reagieren, wenn sie am Ende des Prozesses Profite erkennen.«[40]

Für viele Menschen ist Google die Auffahrt auf die Datenautobahn. Wie kann man überhaupt irgendwelche Informationen finden, ohne als Allererstes dort nachzusehen? Aus diesem Grund –, und weil uns Google mit seinem Gründungsmotto »Don't be evil« beteuerte, nichts Böses im Schilde zu führen –, vergessen wir schnell, dass es sich bei der Suchmaschine keineswegs um eine neutrale Plattform handelt … ganz im Gegenteil. Mehr als 90 Prozent sämtlicher Online-Suchabfragen laufen heutzutage über Google. 2019 nahm das Unternehmen mit Anzeigen über 139 Milliarden Dollar ein. Google setzt seine Macht wie eine Keule ein und dabei kann es schon mal vorkommen, dass jemandem wehgetan wird.

Nachdem er miterleben musste, wie seine eigene Webseite wegen angeblicher Schadsoftware angeprangert wurde, startete Robert Epstein, Doktor mit Abschluss in Harvard und ehemaliger Chefredakteur von *Psychology Today*, einen lebenslangen Feldzug gegen Google. 2013 schrieb er einen Artikel für das *Time*-Magazin, in dem er das »durch und durch auf Täuschung beruhende Geschäftsmodell« des Technologieriesens anprangerte, 2015 teilte er mit, seiner Auffassung nach könnte Google gemeinsam mit anderen Technologiekonzernen die Präsidentschaftswahlen von 2016 manipulieren.

Schockiert reagierte Senator Ted Cruz im Juli 2019, als Dr. Epstein bei einer Anhörung vor dem Kongress seine Schlussfolgerungen darlegte. »Sie haben vor diesem Ausschuss ausgesagt. Sie haben erklärt, Google, Facebook, Twitter und Big Tech könnten bei einer künftigen Wahl bis zu 15 Millionen Wählerstimmen manipulieren«, brüllte Cruz.[41]

Und Dr. Epstein erwiderte darauf: »Und die Methoden, mit denen sie arbeiten, sind unsichtbar, sie sind unterschwellig. Sie sind wirkungsvoller als sämtliche anderen Effekte, die ich in den Verhaltenswissenschaften je gesehen habe und ich arbeite seit nahezu 40 Jahren im Feld der Verhaltenswissenschaften.«[42]

Es handele sich um den »Suchmaschinen-Manipulationseffekt« beziehungsweise Googles Versuch, in den Suchergebnissen einen politischen Kandidaten gegenüber einem anderen zu bevorzugen, erläuterte Dr. Epstein. In einer Studie, die *Proceedings of the National Academy in Sciences* veröffentlichte, stellte er fest, dass mit derartigen Methoden bis zu 80 Prozent der unentschlossenen Wählerschaft dazu gebracht werden könnte, dem von Google bevorzugten Kandidaten ihre Stimme zu geben. Das Schlimmste daran: Die Wähler und Wählerinnen würden nicht einmal wissen, warum sie sich so entschieden hatten.

Dr. Epstein wollte nicht behaupten, dass Google jemals eine Wahl manipuliert *hat* oder es *beabsichtige*. Der zentrale Punkt hier ist der, dass das Unternehmen es könnte und dass die Öffentlichkeit davon erfahren sollte. »Diese Macht existiert, und solange sie das tut, stellt Google eine ernstzunehmende Bedrohung für das demokratische Regierungssystem dar«, schrieb er in der *Huffington Post*. »Googles Manager besitzen mehr Macht über Wahlen, als irgendeine kleine Gruppe von Personen jemals in der Geschichte der Menschheit besessen hat.«[43]

Im Februar 2021 erschien in der *Time* ein Artikel von Molly Ball, in dem mit schockierenden Details dargelegt wurde, wie diese Kräfte sich dazu verschworen, Einfluss auf den Ausgang der Präsidentschaftswahlen von 2020 zu nehmen:

»Hinter den Kulissen lief eine Verschwörung. Dabei wurden sowohl die Proteste eingeschränkt als auch der Widerstand seitens der CEOs koordiniert. Beide Überraschungen waren das Ergebnis eines informellen Bündnisses von linksgerichteten Aktivisten mit Wirtschaftskapitänen. Ihre Arbeit ließ keinen Aspekt der Wahl aus. Sie brachten Staaten dazu, Wahlsysteme und Wahlgesetze zu ändern, und halfen, Hunderte Millionen an öffentlichen und privaten Mitteln zu sichern. Sie wehrten Klagen ab, die auf die Unterdrückung von Wählern abzielten, sie rekrutierten Heerscharen von Wahlhelfern und brachten Millionen von Menschen dazu, ihre Stimme erstmals per Briefwahl abzugeben. Aber es ist enorm wichtig, dass das Land begreift, dass es nicht zufällig dazu gekommen ist ... Deshalb möchten die Teilnehmer, dass die geheime Geschichte der Wahlen von 2020 erzählt wird, auch wenn sie nach einem paranoiden Fiebertraum klingt: Eine finanziell gut ausgestattete Gruppe mächtiger Personen aus unterschiedlichen Branchen und Ideologien arbeitet hinter den Kulissen zusammen daran, die Wahrnehmung zu beeinflussen, Gesetze und Bestimmungen ändern zu lassen, die Berichterstattung in den Medien zu steuern und den Informationsfluss zu kontrollieren. Sie haben die Wahlen nicht manipuliert – sie haben sie gefestigt.«[44]

Um die Geschichte der Menschheit zu ändern, bräuchte es im Grunde nur einen unzufriedenen Google-Mitarbeiter und an denen herrschte im Laufe der Jahre wahrlich kein Mangel.

2012 wurde bekannt, dass der Google-Programmierer Marius Milner ein Programm geschrieben hatte, das es den Google-Street-View-Autos, die für Google Maps durch die Städte fuhren und Kameraaufnahmen machten, erlaubte, nebenbei Daten privater WLAN-Netze zu sammeln. Die *New York Times* schrieb: »Dieses Datensammeln fand von 2007 bis 2010 statt.«[45] Google musste ein Bußgeld bezahlen und es folgten Auseinandersetzungen vor Gericht.

Ebenfalls 2012 wurde Google mit einem Bußgeld in Höhe von 22,5 Millionen Dollar belegt, weil sich ein Programmierer des Unternehmens in das Safari-Netzwerk von Apple gehackt hatte, damit Google ohne Apples vorherige Zustimmung Anzeigen auf dem Safari-Browser platzieren konnte.

Wenn sich die amerikanische Demokratie in einer derart prekären Situation befindet, dürfe sich Google nicht derartige Fehler erlauben, argumentiert Dr. Epstein. Aber selbst wenn es dem Unternehmen gelingt, menschliche Einmischung zu verhindern, kann der Algorithmus selbst immer noch die Ergebnisse verfälschen. Und dann ist da noch die ausdrückliche Form von Zensur – die schwarze Liste. Dr. Epstein hat mehrere unterschiedliche »schwarze Listen« bei Google ausgemacht und Whistleblower, Hacker und andere Quellen haben ihre Existenz bestätigt.

Verstößt man gegen die Allgemeinen Geschäftsbedingungen von Google, kann das dazu führen, dass das eigene Konto auf der schwarzen Liste landet. »Aber ich würde doch so etwas niemals tun!«, sagen Sie nun vielleicht. Haben Sie eine Ahnung! Das Problem ist dreierlei.

Erstens: Nur die allerwenigsten Menschen lesen sich durch, was in Googles Allgemeinen Geschäftsbedingungen überhaupt steht. Vielleicht verstoßen Sie also bereits jetzt ständig dagegen, ohne es zu wissen?

Zweitens: Sie sind plötzlich ausgesperrt? Dann viel Spaß bei dem Versuch, die Gründe dafür herauszufinden. Googles Kundendienst ist berühmt dafür, dass man dort häufig gegen eine Wand läuft, und es ist ausgesprochen unwahrscheinlich, dass sich dort irgendjemand die Zeit nehmen wird, Ihnen die Entscheidung zu erläutern.

Geschieht das jemandem, der einen kleinen Betrieb unterhält, kann das schwere Folgen für das Unternehmen haben und sogar zur Schließung führen. Wenn einzelne Webseiten ins »Sibirien des Internets« verbannt werden, kann das genauso verheerend sein. Stellen die Google-Roboter fest, dass Ihre Webseite gegen die streng gehüteten Richtlinien verstoßen hat, dann landen Sie unversehens einige Seiten weiter hinter bei den Suchergebnissen oder Sie verschwinden gleich ganz aus den Resultaten.

Die Krakenarme von Google reichen weit über die Suchplattform und das Angebot an Google-Produkten hinaus. Auch YouTube ist eine Google-Tochter und dort finden sich einige der schlimmsten Beispiele von Zensur. Die schiere Menge an Inhalten auf der Seite macht es Google unmöglich, sich jedes Video anzusehen, insofern beginnt die Zensur mit dem Publikum. Das wird von Google gebeten, alles zu melden, was seiner Meinung nach nicht angemessen ist. Google-Personal befasst sich daraufhin mit dem Inhalt und verhängt gegebenenfalls abhängig von geheimen Richtlinien Strafen.

Für *Plandemic: Indoctornation* sprach Mikki mit Zach Vorhies, einem Whistleblower, der als Programmierer bei Google die seltene
Gelegenheit bekam, aus allernächster Nähe einen Blick auf die geheimen schwarzen Listen des Unternehmens zu werfen. »Google
sagt, schwarze Listen gebe es nicht, und das hat man auch unter
Eid beteuert«, sagte er. »Ich als Programmierer habe einfach eine
Suchabfrage auf Googles interner Suchmaschine gestartet und nun
raten Sie mal, was ich da gefunden habe. Suchbegriffe wie ›Heilmittel für Krebs‹ standen auf der schwarzen Liste. Warum ent-
scheidet Google darüber, wonach die Menschen suchen können
und wonach nicht?«

Google wird blind vertraut und es gibt eine Handvoll weiterer
Internetauftritte, denen die Menschen aufgrund des guten Marke-
tings vertrauen. Diese Webseiten stellen sich als »unvoreingenommen« hin, als »Faktenchecker«, dabei sind sie weder das eine noch
das andere.

Nehmen wir beispielsweise *Snopes.com*, gegründet 1995 vom
Ehepaar David und Barbara Mikkelson. Ohne journalistischen
Hintergrund oder vergleichbare Ausbildung bauten sie ein Fak-
tencheck-Imperium auf, indem sie sich als wichtigste Quelle zur
Verifizierung auf Google verließen – und, in Form von Google
Ads, auch beim Großteil ihres Einkommens.

2015 ließen sich die Mikkelsons scheiden und Barbara verklagte
David, weil er Geld unterschlagen und für Prostituierte ausgegeben haben soll – sowie für luxuriöse Flitterwochen mit seiner
neuen Frau, die als Escortdame in Las Vegas gearbeitet hatte. 2017
dann reichten David Mikkelsons neue Geschäftspartner Klage ein
und warfen ihm wiederholten Betrug und Unterschlagung vor.[46]
Nun wäre das normalerweise eine Privatangelegenheit, aber wenn

man auf seiner Webseite behauptet, man sei die »erste Anlaufstelle im Internet, um unterscheiden zu können, was wahr ist und was völliger Unsinn«, dann werden derartige Informationen zu einer Angelegenheit des öffentlichen Interesses.

Und trotz all dieser Vorfälle trauen die Menschen ihnen weiterhin zu, innerhalb der Informationslandschaft eine Position als moralischer Wächter einzunehmen und als unvoreingenommene Nachrichtenquelle zu fingieren. Dabei reicht schon ein einziges Beispiel aus, um zu zeigen, wie falsch das ist.

Eines von zahllosen Beispielen dafür, wie führende Faktenchecker danebenliegen können: Ende Januar 2019 beeilte sich Snopes – genauso wie PolitiFact und factcheck.org –, die These abzuwürgen, dass das Coronavirus und seine Behandlungsmöglichkeiten patentiert worden seien. Dabei nahmen sie sich gerade einmal drei von den 4452 öffentlich zugänglichen Patenten vor, dabei zeigen diese zweifelsfrei, dass das Aufspüren und die Behandlung des SARS-Coronavirus sowohl vom öffentlichen wie auch vom Privatsektor umfassend patentiert wurde.

Unabhängige Faktenchecker sind oftmals weder unabhängig noch an Fakten interessiert. Sie sind genauso anfällig für finanzielle Interessenkonflikte, politische Voreingenommenheit und autoritäres Gruppendenken wie ihre Verbündeten in den Mainstreamnachrichten. Einfach gesagt handelt es sich bei ihnen um Propagandamaschinen der Politik.

Ich möchte an dieser Stelle betonen, dass es sich nicht um eine relativistische Weltsicht handelt. Es *gibt* in dieser Welt Wahrheit und Fakten und wir alle sollten danach suchen. Es ist jedoch wichtig, eines zu verinnerlichen: Sobald wir morgens unsere Augen aufschlagen, wird unsere Erfahrung der Realität beeinflusst. Egal, ob es sich um unsere Nachrichtenmedien handelt, um unsere Regierung oder unseren Hausarzt – wir müssen ständig wachsam sein und die Kräfte im Blick behalten, die sich bemühen, unsere Auffassungen und unseren Glauben zu prägen. Damit wir entscheiden können, was richtig ist und was falsch, müssen wir diese Kräfte erkennen und begreifen.

Rückblickend betrachtet waren Amerikaner häufig anfällig für Falschinformationen und ausgewachsene Vertuschungsaktionen des medizinischen Establishments in Absprache mit dem Staat. Bei beiden handelt es sich um hoch angesehene Einrichtungen, und das aus gutem Grund. Bei beiden verlassen wir uns darauf, dass sie sich bemühen, unser Leben zu schützen. Doch dieses blinde Vertrauen ist nicht gerechtfertigt, es gibt zahllose Beispiele dafür, wie Medizin und Politik gemeinsam die amerikanische Öffentlichkeit belogen haben.

Wer in Echtzeit darauf hinweist, begeht in den Augen vieler ein Sakrileg. Und diejenigen, die mutig genug sind, ihre Meinung zu sagen, werden allzu oft verspottet, geschnitten und mundtot gemacht. Doch mit der Zeit setzt sich die Wahrheit durch, auch wenn es viele Jahre dauern mag. Hollywood verwandelt diese Geschichten in Filme oder TV-Sendungen, und die Welt lässt sich von diesen Erzählungen in den Bann schlagen, bewegen oder in Rage bringen. Wir sehen uns an und fragen uns: »Wie hat es dazu kommen können?« Voller Inbrunst bekunden wir: »Als Gesellschaft haben wir uns seit damals sehr stark weiterentwickelt.« Von *Dallas Buyers Club* bis *Erin Brockovich,* von *Vergiftete Wahrheit* bis *Spotlight,* die Liste ließe sich beliebig fortsetzen. Doch wenn sie uns umgibt, kommen wir mit der Wahrheit häufig nicht zurecht, sie ist uns zu viel und überfordert uns. Die Zeit verschafft uns den erforderlichen Abstand und die Gelegenheit, die Informationen zu verarbeiten.

Und genau das wird auch mit der Covid-19-Pandemie geschehen. Heute stecken wir mitten in den Stromschnellen, versuchen verzweifelt, die Felsen zu umfahren und nicht zu kentern. Wir müssen erst ruhigeres Fahrwasser erreichen, um zurückblicken und begreifen zu können, auf welchem Weg wir an den Ort gekommen sind, an dem wir uns befinden.

Wir haben das schon früher durchgemacht – sehr viele Male, um genau zu sein – und zwar nicht nur bei Zigaretten, um das naheliegendste Beispiel zu nennen.

Nehmen wir nur Agent Orange oder DDT. Jahrelang wurden sie als harmlose Haushaltsartikel vermarktet, bevor man ihre verheerende Wirkung erkannte. Die CDC empfahl den Amerikanern damals die Verwendung von DDT in den eigenen vier Wänden, laut Anzeigen war das Mittel für Mensch und Tier »vollkommen harmlos«. Heute wissen wir es besser.

Es dauerte eine Weile, aber schließlich wurden wir uns der schrecklichen Nebenwirkungen von DDT bewusst. Die CDC nahm ihre früheren Einschätzungen zurück und warnte, DDT könne möglicherweise Krebs verursachen. 1972 wurde das Insektenvernichtungsmittel schließlich in den USA verboten.

Dann war da die Schweinegrippe-Panik von 1976. Im Winter jenes Jahres brach die Krankheit auf einem Militärstützpunkt in Fort Dix, New Jersey, aus. Angst machte sich breit, dass sich der Ausbruch zu einer Pandemie von der Größenordnung der Spanischen Grippe im Jahr 1918 auswachsen könnte. Amerikas Präsident Gerald Ford beschloss eilig einen groß angelegten Impfplan.

Vom Weißen Haus aus versprach er im März 1976, »jeden Mann, jede Frau und jedes Kind in den Vereinigten Staaten zu impfen«. Im Monat darauf erließ er ein Notgesetz für das nationale Schweinegrippe-Immunisierungsprogramm und rief eine umfassende PR-Kampagne ins Leben. Stars und Regierungsvertreter ließen sich bei ihrem Impftermin fotografieren. (Kommt Ihnen das bekannt vor?)

Niemand hinterfragte, ob dies überhaupt der richtige Weg sei, und nach weniger als einem Jahr waren 45 Millionen Menschen – etwa 25 Prozent der damaligen US-Bevölkerung – geimpft worden. Doch nun tauchten besorgniserregende Probleme auf. Menschen wurden krank und sie erkrankten stärker als diejenigen, die sich mit der eigentlichen Schweinegrippe infizierten. Schon bald war klar: Der Impfstoff richtete mehr Schaden als Nutzen an.

Unglaublich, aber wahr: Nur zwei Menschen mussten an der Schweinegrippe sterben, damit das Programm ins Leben gerufen wurde. Beide waren auf demselben Militärstützpunkt und einer von ihnen litt an Vorerkrankungen.

Schon bald verschwand die Krankheit still und leise wieder von der Bildfläche, aber die Folgen des gefährlichen Impfstoffs blieben. Bei über 450 jungen Menschen wurde als Folge der Impfung das mit Lähmungen einhergehende Guillain-Barré-Syndrom diagnostiziert. Vertreter der CDC räumten später ein, man habe von möglichen neurologischen Nebenwirkungen gewusst, aber der Öffentlichkeit wurde das verschwiegen, während man für die Impfung trommelte. Fast 20 Jahre vor dieser Geschichte war bei der landesweiten Impfung gegen Kinderlähmung fatalerweise ein Lebendimpfstoff verabreicht worden. 40 000 Kinder erkrankten an Kinderlähmung, 200 Kinder wurden gelähmt, zehn starben. Auch das geschah mit vollem Wissen der CDC.

Wie formuliert es Dr. Martin in *Plandemic: Indoctornation:* »Diese CDC ist dieselbe CDC, die heutzutage angeblich über Ihre öffentliche Gesundheit wacht.«

Besonders hervorgetan hat sich das medizinische Establishment noch nie, wenn es um Schuldeingeständnisse ging. Auch die Nachrichtenmedien überschlagen sich nicht gerade damit, Korrekturen zu veröffentlichen, in denen sie eigene Fehler aus der Welt schaffen. Stattdessen befasst man sich lieber mit der nächsten Geschichte und tut so, als habe die alte gar nicht existiert.

Dutzende neuer Artikel erscheinen und verdrängen die alten immer weiter in den Hintergrund, bis sich nur noch schwerlich Beweise dafür finden lassen, dass es das andere Narrativ überhaupt gegeben hat. Und wenn Bürger Behauptungen wiederholen, die die Medien selbst einmal veröffentlicht haben, setzt sich die Presse über jede journalistische Ethik hinweg, fällt über diese Menschen her, zensiert und verleumdet sie.

Wie Dr. Martin erklärte: »Jeder Medienkanal hat Beweise platziert und sie alle haben Seiten neu sortiert. Sieht man sich heute also das Thema Maskentragen an, und sieht man sich heute Studien zum Social Distancing an, wird man sehen, dass die Studien, die früher Nummer eins, Nummer zwei, Nummer drei bei den Suchergebnissen waren, heute nicht mehr existieren. Stattdessen stehen dort Studien, die Schlagzeilen abwerfen, die das gängige Narrativ unterstützen.«

Selbst als Regierungen in der Vergangenheit erstmals ihre Muskeln spielen ließen, um die Freiheit ihrer Bürger einzuschränken, entstand eine andere Kategorie von Männern, die letztlich über noch mehr Macht als der Präsident selbst verfügen sollte – die Räuberbarone. Ende des 19. Jahrhunderts gelangte eine Handvoll gewiefter Geschäftsmänner mit Investitionen in Öl, Stahl und andere Bodenschätze zu unermesslichem Reichtum. Sie waren bekannt für ihr rücksichtsloses Geschäftsgebaren und ihre monopolistischen Tendenzen.

Ein solcher Mogul war John D. Rockefeller. Um die Jahrhundertwende herum kontrollierte er rund 90 Prozent der amerikanischen Ölreserven, was ihn zum reichsten Mann der damaligen Zeit machte, nach einigen Berechnungen sogar zum reichsten Menschen aller Zeiten, bis heute.

Nachdem Rockefeller praktisch das gesamte Öl im Land unter seine Kontrolle gebracht hatte, suchte er nach Wegen, seinen Reichtum zu erhalten und zu mehren. Bald entdeckte er, dass er mit neuen Produkten, die auf seinem Öl basierten, die allgemeine Nachfrage steigern konnte. Und das größte Marktsegment, das sich seiner Meinung nach dafür eignete, war die Medizin.

Kerosin wurde zu Beginn des 20. Jahrhunderts als antiseptisches Mittel und Allzweckheilmittel beworben. Es sollte bei Kratzern und Schnitten genauso helfen wie bei Rheuma oder Halsschmerzen. Einige Patienten beklagten Blasenbildung und andere unerwünschte Nebenwirkungen, schrieb das *Journal of American Medical Association,* aber das hielt die US-amerikanische Standard Oil Company nicht davon ab, das Produkt weiter in den Markt zu drücken.

Rockefellers Ansatz war mehrgleisig und wirklich beispiellos. Bevor sein Konzern Standard Oil auf der Bildfläche erschien, hatten Amerikaner Krankheiten größtenteils mit Naturheilmitteln behandelt. Es würde mehr als eine clevere Anzeigenkampagne brauchen, um die Gesellschaft bei der Behandlung von Krankheiten auf ein allopathisches Modell umzustellen, auf ein Modell also, das auf synthetische Arzneimittel und chirurgische Eingriffe setzt.

John D. Rockefeller vernichtete die Konkurrenz: Er kaufte Apotheken und zwang sie, nur noch solche Produkte zu führen, was später als »Rockefeller-Medizin« bezeichnet wurde. Dank seiner nahezu unbegrenzten finanziellen Möglichkeiten setzte Rockefeller die Preise so niedrig an, dass die kleinen inhabergeführten Apotheken, die ihre Mittel selbst herstellten, schließen mussten.

Im nächsten Schritt kaufte Rockefeller jede Zeitung auf, die ihm unter die Augen kam, und wies sie an, seine neuen Medikamente anzupreisen.

Rockefeller gründete das Rockefeller Institute for Medical Research und setzte seinen Bruder als dessen Leitung ein. Sein Auftrag: Er sollte alle natürlichen – und damit nicht patentierbaren und unrentablen – Arzneien vom Markt drängen und einen neuen Markt für Medikamente auf Erdölbasis erschaffen. Rockefeller ließ sich seinen Imagewandel vom meistgehassten Mann Amerikas zum gütigen Wohltäter Hunderte Millionen Dollar kosten.

1910 beauftragte er den Pädagogen und Arzt Abraham Flexner, die medizinischen Fakultäten des Landes zu besuchen und seine Erkenntnisse in einem Bericht zusammenzufassen. Der von der Carnegie Foundation veröffentlichte Report »Medical Education in the United States and Canada« ist eine Analyse der Medizin und der medizinischen Ausbildung in den Vereinigten Staaten und kommt zu einem harschen Urteil. Es gebe zu viele Ärzte, zu viele medizinische Fakultäten und zu viele naturkundliche Behandlungsmethoden, die der Bericht als »Quacksalberei« abtat.

Der Bericht führte zur Schließung vieler kleiner, gewinnorientierter Medizinschulen (also die Konkurrenz der Schulen, für die Rockefeller bezahlte). Zwischen 1910 und 1944 wurde die Zahl der Fakultäten im Land um die Hälfte reduziert. Tragischerweise wurden bis auf zwei auch sämtliche afroamerikanischen Medizincolleges im Land geschlossen, was vor allem mit Flexners ausgesprochen rassistischen »Beobachtungen« zusammenhing.

Gleichzeitig verteilte Rockefeller über die Stiftung General Education Board 100 Millionen Dollar unter solchen Schulen, Krankenhäusern, Ärzten und Wissenschaftlern, die bereit waren, seine Sache zu unterstützen. Er half beim Aufbau der American Medical Association (AMA) und trug dazu bei, dass sie die Verantwortung erhielt, Ärzten die Zulassung zu erteilen.

Zunächst lief alles gut für Rockefeller und sein Vorhaben, seine Medizin zur einzigen Wahl in Amerika zu machen. Doch dann mehrten sich die Anzeichen dafür, dass Medikamente auf der Grundlage von Kohle und Öl Krebs verursachten. Rockefeller wusste genau, wie er auf schlechte Presse zu reagieren hatte: Er verschenkte noch mehr Geld. 1912 gründete er die American Cancer Society.

Bis heute tritt die Pharmaindustrie in die Fußstapfen von John D. Rockefeller und gibt jährlich fast doppelt so viel Geld wie Big

Oil* aus, um Einfluss auf Gesetze, politische Entscheidungen und die öffentliche Meinung zu nehmen. Dank Rockefeller besitzt kein anderer Wirtschaftszweig dermaßen viel Macht über unser Leben wie Big Pharma.

Natürlich spielen bei Big Pharma die kleinen Leute, die Ärzte, Krankenschwestern und anderen Fachkräfte, die an vorderster Front tätig sind, keine Rolle. Mehr als alle anderen schuften sie im Würgegriff der Kräfte, die über ihren Köpfen wirken. Wenn es zu Krisen wie der Covid-19-Pandemie kommt, müssen sie kämpfen, damit ihre Stimme über das Gebrüll ihrer Chefs, der Mainstreammedien und der Regierung hinweg Gehör findet.

Auch die Medien befinden sich im Würgegriff von Big Pharma. In einer Studie kam die Organisation Fairness and Accuracy in Reporting im Jahr 2009 zu dem Schluss, dass mit einer einzigen Ausnahme bei jedem größeren Medienkanal in den USA ein Vertreter eines großen Medikamentenherstellers im Vorstand saß. Jedes Jahr »investiert« Big Pharma bei diesen Mediennetzwerken rund 5 Milliarden Dollar in Werbung.[47]

Wenn Sie jetzt erst auf das Thema »Medien und Korruption in den USA« aufmerksam werden, mag das alles für Sie neu sein, aber tatsächlich ist das Nachrichtennarrativ seit Langem kompromittiert. Mit Fortschreiten der Technik und der Informationsverbreitung begann der Staat, sich einzumischen. Was nur die wenigsten Ame-

---

* Anm. d. Verlags: Big Oil ist ein Name, der verwendet wird, um die sechs oder sieben größten börsennotierten Öl- und Gasunternehmen der Welt zu beschreiben.

rikaner wissen: Von 1941 bis 1945 betrieb die Bundesregierung in Washington eine offizielle Zensurbehörde.

Lange davor und lange danach gab es inoffizielle Zensur, etwa durch den prüden Hays Code, dem sich die amerikanischen Film- und Fernsehproduzenten unterwarfen. Ab 1956 verlor der Code an Bedeutung, aber die Zensur war damit noch nicht vorbei.

Während Joseph McCarthy die amerikanische Bevölkerung mit seinen Behauptungen von kommunistischer Gedankenkontrolle und medialer Gehirnwäsche in Atem hielt, entstand hinter den Kulissen ein echtes Netzwerk der Medienmanipulation – die Operation Mockingbird. Bis 1953 hatte CIA-Direktor Allen Dulles ungefähr 400 Reporter, die auf seiner Linie lagen, in ungefähr 25 Zeitungen und Nachrichtenagenturen platziert. In einem Artikel für das Magazin *Rolling Stone* beschrieb Carl Bernstein 1977 dieses Netzwerk so:

>»Einige Journalisten führten eine stillschweigende Beziehung mit der CIA, andere eine offene. Es gab Kooperation, Entgegenkommen und Überschneidungen. Journalisten erfüllten eine ganze Reihe verdeckter Aktivitäten – vom einfachen Sammeln von Informationen bis zum Auftreten als Mittelsmann für Spione in kommunistischen Ländern. Reporter ließen die CIA in ihre Notizbücher schauen, Chefredakteure stellten Personal ab. Einige dieser Journalisten waren Pulitzer-Preisträger, angesehene Reporter, die sich als Botschafter ohne Geschäftsbereich für ihr Land betrachteten. Die meisten waren weniger exaltiert – Auslandskorrespondenten, die merkten, dass ihre Verbindung zur CIA ihnen bei der Arbeit half; Strippenzieher und Freischaffende, deren Interesse an den Heldentaten des Spionagegeschäfts genauso groß war wie ihr Interesse an der Veröffentlichung von Artikeln; und die kleinste Kategorie:

Vollzeit-CIA-Mitarbeiter, die sich im Ausland als Journalisten ausgaben. CIA-Dokumente zeigen, dass Journalisten von Amerikas
führenden Nachrichtenorganisationen in vielen Fällen mit Zustimmung der Geschäftsführung beauftragt wurden, Aufgaben für die
CIA zu erledigen.«[48]

In einem Interview zeichnete der ehemalige CIA-Offizier John
Stockwell ein verheerendes Bild: »Es geht über das hinaus, was Sie
sich in Ihren kühnsten Träumen vorstellen«, sagte er in *Plandemic:
Indoctornation* in einem alten Video. »Es wurden Studentenorga-
nisationen gegründet, um radikale Studenten anzulocken. 5000
Uniprofessoren wurden angeworben, der CIA dabei zu helfen, die
Köpfe der Menschen zu manipulieren. Journalisten in den USA,
darunter große Namen des Journalismus, wurden dazu gebracht,
der CIA regelmäßig dabei zur Hand zu gehen, Geschichten und
Vorurteile in der Welt zu verbreiten.«

Im Januar 1975 übernahm Senator Frank Church den Vorsitz in
einem neuen Ausschuss des US-Senats. Untersucht werden sollten
staatliche Handlungen und mögliches Fehlverhalten der CIA, der
NSA, des FBI und der IRS.

Im April 1976 untersuchte das sogenannte Church Committee,
welchen Einfluss die CIA auf ausländische und inländische Nachrichtenorganisationen hatte. Im Verlauf der Untersuchungen
wurde bekannt, dass die CIA mehr als 3000 Fernseh- und Radio-
macher, Journalisten, Chefredakteure und sogar Buchverleger
unter Vertrag und unter ihrer Kontrolle hatte.

Unter Eid mussten CIA-Vertreter zugeben, dass sie ein weltumspannendes Netzwerk betrieben, das sie dazu nutzten, mit staatlich
finanzierter Propaganda die öffentliche Meinung zu beeinflussen.

Nach der Anhörung wurde Sig Mickelson, der erste Chef von *CBS TV News*, zu den kontroversen Praktiken von Operation Mockingbird befragt und danach, ob das Programm wohl fortgeführt werden würde. Mickelson erwiderte: »Nun – ja. Ich würde aus Reportersicht vermuten, dass es heute weitergeht.« In einem alten Videoclip ist in *Plandemic: Indoctornation* zu sehen, wie Mickelson fortfährt: »Aber ich schätze, wegen all der Enthüllungen muss man damit deutlich vorsichtiger umgehen.«

Bei einem Stabstreffen im Weißen Haus erklärte CIA-Direktor William Casey 1981: »Wir wissen, dass unser Desinformationsprogramm erst dann abgeschlossen ist, wenn alles falsch ist, was die amerikanische Öffentlichkeit glaubt.« Heute muss man nur ein wenig durch die kognitiven Minenfelder der sozialen Medien scrollen, um zu erkennen, dass Caseys Programm in der Tat abgeschlossen ist.

Mikki ergänzte: »Unser kollektives Bewusstsein war nie zuvor derart stark von der Realität abgekoppelt. Wir büßen vorsätzlich unsere angeborene Fähigkeit ein, kritisch und eigenständig zu denken.« Und weiter: »Diejenigen, die vollständige Kontrolle über die Menschheit erlangen wollen, halten seit Generationen durch die Bündelung von Informationen unsere Aufmerksamkeit gefangen.«

»Denken Sie einmal darüber nach: Mehr als 90 Prozent von *allem*, was Sie lesen und was Sie hören und sehen, wird von ungefähr sechs Firmenimperien kontrolliert«, erklärte Mikki. »Durch dieses große Monopol erschaffen sie eine Illusion von Wahrheit. Der Fernsehzuschauer schaltet durch die Kanäle und sieht auf vermeintlich unterschiedlichen und konkurrierenden Netzwerken identische Nachrichten. Der gesunde Menschenverstand sagt ihm: ›Dann muss es wahr sein.‹ Tatsächlich handelt es sich jedoch um eine einzige Story, die von einer ungenannten zentralen Stelle auf Tausende Teleprompter hochgeladen wird. Diese geskripten Informationen werden dann rund um die Welt von einer Reihe austauschbarer Sprechpuppen vorgetragen, Sprechpuppen, die zwischen 6 und 40 Millionen Dollar im Jahr dafür bekommen, ihr eigenes Volk zu belügen und ihr eigenes Vaterland zu zersetzen«, so Mikki.

Während des Covid-19-Lockdowns wurde das Leben für die Amerikaner wie in George Orwells *1984*: Der Bildschirm war unsere einzige Quelle für Nachrichten und Informationen. Im 21. Jahrhundert gilt zweifelsfrei: »Big Brother sieht dich.« Noch wichtiger jedoch ist, dass Big Brother die Geschichte der menschlichen Rasse schreibt und gleichzeitig dafür sorgt, dass sie über alle unsere Bildschirme ausgestrahlt wird, und zwar 24 Stunden täglich, 7 Tage die Woche, 365 Tage im Jahr.

Mikki zu diesem Gedanken: »Die Wissenschaft hat wieder und wieder bewiesen, dass Stress und Angst unser natürliches Immunsystem schwächen, der ersten Abwehrfront gegen Viren. Die Wissenschaft hat außerdem nachgewiesen, dass für unsere Gesundheit und unsere Heilung die Verbindung zu anderen Menschen von entscheidender Bedeutung ist.«

»Und eine weitere bekannte wissenschaftliche Tatsache: Der menschliche Körper benötigt zum Überleben die Natur. Hält man sich draußen in der Natur auf, erhöht sich der Sauerstofffluss, ein zu hoher Blutdruck sinkt und Herz, Geist und Körper werden optimiert.«

Mikki weiter: »Und wie sieht das Heilmittel für Covid-19 in unserem Land aus? Drinnen bleiben, fernab vom Sonnenlicht und allen anderen Lebewesen. Reduzieren Sie Ihre Sauerstoffzufuhr, indem Sie über Ihrer Maske eine Maske tragen. Pumpen Sie Ihr Zuhause mit giftigen Desinfektionsmitteln voll. Hören Sie den Weltuntergangspredigern der Medienkonzerne und der Politik zu.«

»Wenn ich es nicht besser wüsste, könnte ich denken, dass es Leute gibt, die wollen, dass noch mehr Menschen sterben.«

Während Milliarden Menschenleben durch die endlosen Lockdowns schweren Schaden genommen haben, zeigte ein im April 2021 im Magazin *Forbes* erschienener Artikel von Chase Peterson-Withorn eine Perspektive, die erklärt, warum eine kleine Gruppe keine Eile damit hat, unsere Welt wieder zu öffnen.[49] »20 Millionen Amerikaner haben im Zuge der Pandemie ihre Arbeit verloren«, sagte Joe Biden in einer Rede vor dem Kongress. »Gleichzeitig ist das Nettovermögen von etwa 650 Milliardären in Amerika um über 1000 Milliarden Dollar gestiegen … sie sind jetzt mehr als 4000 Milliarden Dollar schwer.«

Das entspricht den Daten von *Forbes* – allerdings sind die Zahlen in Wahrheit sogar noch ein wenig höher. Zum Börsenschluss vom 28. April 2021 betrug das Gesamtvermögen der amerikanischen Milliardäre unseren Berechnungen nach 4600 Milliarden Dollar. Das ist gegenüber den 3400 Milliarden Dollar zum Börsenstart am 1. Januar 2020 – als Covid-19 gerade dabei war, die Welt im Sturm zu erobern – ein Plus von 35 Prozent.«

Und die Milliardäre sind seit Beginn der Pandemie nicht nur reicher geworden, es gibt auch mehr von ihnen. Die Rekordzahl von 493 neuen Gesichtern taucht dieses Jahr neu auf der *Forbes*-Liste der Milliardäre aus aller Welt auf – das entspricht ungefähr einem Milliardär alle 17 Stunden für den Zeitraum März 2020 bis März

2021. Darunter sind 98 Neuzugänge aus den USA, zum Teil bekannte Gesichter wie Kim Kardashian West, der Filmemacher Tyler Perry und der Apple-CEO Tim Cook.

»Wenn wir aus der Covid-19-›Plandemie‹ eines gelernt haben, dann, dass unsere Welt zunehmend von Technokraten regiert wird«, sagte Mikki.

Tech-no-kra-tie, die
Substantiv
Eine Elite technischer Fachleute regiert oder
kontrolliert die Gesellschaft oder Wirtschaft.

Willkommen in der neuen Normalität.

Kapitel 6

Probelauf

»Informationskontrolle ist etwas,
das die Elite ständig betreibt, insbesondere
in einer despotischen Regierungsform.
Information, Wissen, ist Macht.
Wer die Informationen kontrolliert,
kontrolliert die Menschen.«

Tom Clancy

The Pierre Hotel | New York
18. Oktober 2019

»Im Namen unseres Zentrums und unserer Partner, dem Weltwirt-schaftsforum und der Bill & Melinda Gates Foundation, begrüße ich sehr herzlich unser Publikum hier in New York sowie unser virtuelles Publikum, das heute online teilnimmt. Ziel der Übung Event 201 ist es, die möglichen Konsequenzen einer Pandemie zu verdeutlichen und die möglichen Folgen und damit verbundenen gesellschaftlichen und wirtschaftlichen Herausforderungen für Gesellschaft und Wirtschaft zu beleuchten.«[50]

Rückblickend ist das Ganze mehr als makaber: In einem der luxu-riösesten Gebäude Manhattans kommen Chefs millionenschwerer Unternehmen und ranghoher Regierungsbehörden zusammen, um eine globale Pandemie durchzuspielen, die Tausende Men-schen tötet. Einer nach dem anderen führen sie ausführlich aus, wie *sie* in einer derartigen globalen Krise reagieren würden, da-nach klopft man sich gegenseitig auf die Schulter, weil man die Welt gerettet hat. Zumindest auf dem Papier.

»Das Szenario von Event 201 ist fiktiv, basiert aber auf Grund-sätzen des öffentlichen Gesundheitswesens, epidemiologischen Modellen und Beurteilungen früherer Ausbrüche«, erklärte der Sprecher. »Anders gesagt: Wir haben eine Pandemie erschaffen, die realistischerweise so eintreten *könnte*.«

Die Simulation setzte mit einem gut produzierten – aber gefak-ten – Nachrichtenvideo ein. »Eigentlich sahen diese Schweine ganz gesund aus«, sagt eine elegante Sprecherin ernst über Archiv-aufnahmen einer sich windenden Gruppe von Schweinen. »Vor

Monaten, vielleicht auch schon vor Jahren, breitete sich ein neues Coronavirus unbemerkt aus. Menschen, die sich ansteckten, bekamen eine Atemwegserkrankung mit Symptomen, die von einem milden, erkältungsähnlichen Verlauf bis hin zu einer schweren Lungenentzündung reichten«, so die Sprecherin weiter, während auf dem Bildschirm frappierende Bilder gezeigt wurden. »Die am schwersten Erkrankten mussten auf die Intensivstation. Viele starben. Zunächst breitete sich die Krankheit nur unter denjenigen mit den engen Kontakten aus … aber mittlerweile greift sie rasch in der lokalen Bevölkerung um sich.« Der internationale Reiseverkehr trug dazu bei, dass die Krankheit Grenzen übersprang, bis sich das Ganze zu einer ausgewachsenen globalen Pandemie auswuchs, wie der Nachrichtenbericht erläuterte.

Die Simulation sagte voraus, dass Verschwörungstheorien um sich greifen würden, und das Elite-Gremium diskutierte darüber, wie sich der Strom öffentlicher Falschinformationen am besten eindämmen ließe. Zensur war überall an der Tagesordnung, während Millionen Menschen lauthals einen Impfstoff einforderten – und sei es auch nur ein experimenteller Impfstoff, bei dem noch nicht alle Tests abgeschlossen sind. Die Krankenhäuser waren überbelegt, Masken und Handschuhe Mangelware.

Event 201 fand im Oktober 2019 statt – 5 Monate, bevor wegen Covid-19 der Pandemiezustand ausgerufen wurde. Ein Ereignis einer derartigen Komplexität und Größenordnung zu schreiben, einzuüben und zu produzieren, dauert Monate. Das heißt, die Konzeptualisierung fand mindestens ein Jahr vor der tatsächlichen Pandemie statt.

Wer aufgepasst hat, wird sich nun vermutlich fragen: Da gibt es diese Gruppe wohlhabender und mächtiger Personen, die mit viel Vorlauf ganz genau wusste, was benötigt werden wird und wo Mängel herrschen werden. Warum haben diese Leute damit gewartet, sich um diese Dinge zu kümmern, bis die Pandemie tatsächlich begonnen hatte?

Interessant ist übrigens auch, dass die »Veranstalter« von Event 201 die Universität Johns Hopkins, das Weltwirtschaftsforum und die Bill & Melinda Gates Foundation waren, doch bezahlt für das Ganze hat Open Philanthropy, eine zwielichtige Stiftung, die von Dustin Moskovitz, einem der Gründer von Facebook, geleitet wird.[51, 52] Als Investor im chinesischen Unternehmen Sherlock Biosciences, das mit der CRISPR-Technologie arbeitet, wäre es für Dustin ausgesprochen zuträglich, wenn seine Technologie eine Zulassung für die Anwendung in Notfällen (EUA) erhielte.[53] (Und tatsächlich ist auch genau dieser Fall eingetreten.)

Alle Teilnehmer sprachen von einem beklagenswerten Mangel an persönlicher Schutzausrüstung und anderen Ressourcen für den Katastrophenfall. Der Blog Gizmodo fokussierte sich dagegen auf eine möglicherweise sogar noch größere Bedrohung: Zensur und Falschinformationen rund um die Pandemie. »Soziale Medien fachten die Flammen weiter an, indem sie zuließen, dass Trolle und sogar Regierungen Falschinformationen über das erfundene Virus verbreiteten und beispielsweise Ausländern die Schuld an dem Problem gaben«, schrieb der Autor Ed Cara. »Das wiederum führte dazu, dass die Menschen den Fachleuten für öffentliche Gesundheit noch weniger vertrauten.«[54]

Der Projektdirektor von Event 201, Eric Toner, sagte Cara: »Wir sehen derzeit bei aktuellen Ausbrüchen wie Ebola, dass die sozialen Medien eine wichtige Rolle spielen, sowohl im Positiven wie im Negativen. Auf diesem Weg erhalten viele Menschen mittlerweile ihre Nachrichten, aber auch Gerüchte und Falschinformationen verbreiten sich auf diesem Weg.«

Für die Mächtigen war das eine zentrale Lektion. Wichtiger noch, als ausreichend persönliche Schutzeinrüstung einzulagern (was sie ohnehin nicht taten), war es, sich die Hoheit über die Informationsquellen zu sichern. Lockdowns würden die Notwendigkeit noch erhöhen. Dr. Martin erklärte:»Wenn Sie die Menschen daran hindern können, sich zu versammeln, dann überlegen Sie ruhig, worüber sie nicht sprechen können. Sie sprechen nicht über die Themen der Kampagne. Können Sie dafür sorgen, dass die Menschen in ihren Häusern bleiben, besitzen sie nur noch eine einzige Informationsquelle, nämlich das, was Sie für sie ausgewählt haben.«

»Jetzt weiß ich, wie ich meine Wählerschaft anzusprechen habe«, fuhr er fort. »Sie sind an dem einzigen Ort, an dem Sie sich nach meinem Willen aufhalten dürfen, und werden mit der einzigen Botschaft gefüttert, die Sie nach meinem Willen hören dürfen, und das durch ein Medium, das ich kontrolliere.«

Am 2. März 2021 tat Zosimo T. Literatus von *Yahoo News* das, was Journalisten früher häufiger getan haben – er recherchierte. Sein Einstieg in den Kaninchenbau begann mit einer einfachen Frage.

»Vergangenes Jahr tauchte in den sozialen Medien die Dokumentation *Plandemic: Indoctornation* auf und sah sich dem Vorwurf ausgesetzt, voller Fehler zu sein. Sie wurde von den Printmedien wie auch den digitalen Medien ganz offen angegriffen. Die Argumente des Dokumentarfilms waren überzeugend und die Fakten scheinbar stichhaltig. Einige Kritiker sprachen sogar von Desinformation. Natürlich könnten die Kritiker recht haben. Aber was, wenn sie falsch lagen?«[55]

Literatus schrieb eine Reihe von Berichten über *Plandemic: Indoctornation*, die am 20. April, 4. Mai und 1. Juni 2021 erschienen. Man muss ihm hoch anrechnen, dass er persönlich die wichtigsten Patente und Punkte überprüfte, die Dr. Martin öffentlich gemacht hatte. Und am Ende war Literatus nicht imstande, irgendetwas zu finden, was den Film wie von den Kritikern behauptet »widerlegt« hätte.

In seinem Artikel vom 1. Juni schrieb Zosimo T. Literatus:

> »Die meisten Medienkanäle hängten dem Inhalt des Films das Label einer ›Verschwörungstheorie‹ an, die vermeintlich Falschinformationen verbreitet, speziell in Bezug auf die Covid-19-Pandemie. Eines stört allerdings die Behauptungen, es handele sich um ›eine Verschwörungstheorie‹ und ›Falschinformationen‹: Das perfekte Timing, mit dem am 18. Oktober 2019 unter dem Namen Event 201 ein Planspiel mit Drehbuch stattfand, das sehr genau die Covid-19-Pandemie beschrieb, die im Dezember 2019, 3 Monate später, in China ausbrach ...«

> »Man muss darauf hinweisen, dass Chinas Mitteilung zum Ausbruch von Covid-19 im Dezember 2019 möglicherweise durch die Zensur so lange verzögert wurde, bis sich die Vorfälle nicht länger vor der Welt verheimlichen ließen. Das bedeutet, der Ausbruch könnte einige Monate zuvor begonnen haben. Die große Frage, die niemals beantwortet wurde: Wussten die Personen, die sich im Oktober 2019 zu Event 201 versammelten, lange vor Beginn des Planspiels bereits Bescheid, was in China passierte?«[56]

Event 201 war nicht das einzige derartige Planspiel. Im Vorfeld des Coronavirus spielten Dutzende Vertreter der globalen Elite ein und dasselbe Ereignis in unterschiedlichen Versionen durch.

Der Bericht »World at Risk Scenario« wurde im September 2019 veröffentlicht, einen Monat vor Event 201. Entwickelt wurde er von einer Organisation namens Global Preparedness Monitoring Board (GPMB), die zur Weltgesundheitsorganisation gehört. Im Vorstand des GPMB sitzen unter anderem Dr. Anthony Fauci, Dr. Christopher J. Elias, Präsident der Global Development Division bei der Bill & Melinda Gates Foundation, und George Fu Gao, Leiter des gemeinnützigen Chinesischen Zentrums für Krankheitskontrolle und -prävention, das vor allem mit Mitteln der amerikanischen CDC finanziert wird.

Der Weltgesundheitsorganisation zufolge lieferte der Bericht »eine Momentaufnahme von der Fähigkeit der Welt, eine ernste globale Gesundheitsbedrohung zu verhindern und einzudämmen«. Wichtiger noch: Die Gruppe empfahl, sieben dringende Maßnahmen mit hoher Priorität aus fünf Bereichen anzugehen, so die WHO. Dazu gehörten »Führungsarbeit, der Aufbau sektorenübergreifender Ländersysteme, Forschung und Entwicklung, Finanzierung und belastbare internationale Koordination«.[57]

Eine weitere Empfehlung lautete, dass Staats- und Regierungschefs aus aller Welt bis September 2020 zwei Planspiele wie Event 201 durchgeführt haben sollten, bei denen es darum ging, wie gut man für eine globale Pandemie aufgestellt sei. Eine dieser Übungen solle sich mit der Freisetzung eines Erregers von Atemwegserkrankungen befassen.

Bereits im Januar 2017 hatte Dr. Fauci den amtierenden US-Präsidenten gewarnt. Bei einem Forum zu Pandemievorsorge in Georgetown erklärte er, es gebe »keine Zweifel«, dass Trump es vor dem Ende seiner Amtszeit mit einer »überraschenden« Pandemie zu tun bekäme.[58] Etwas mehr als 3 Jahre später sollte Dr. Fauci tatsächlich die Führung bei der Bekämpfung einer solchen Pandemie übernehmen. Dr. Martin erklärte, wie er und sein Team erste Anzeichen dafür bemerkten, dass sich die Welt auf ein Pandemieereignis vorbereitete – und dass man offensichtlich genau wusste, welche Krankheit der Auslöser sein würde. »Meine Systeme meldeten Anomalien, als ich im Spätsommer und Herbst 2019 anfing, gemeinnützige Organisationen und Unternehmen und Finanzierungen für Coronavirus-Programme zu sehen«, erklärte er. »Unsere erste rote Flagge ging hoch, als wir [im September 2019] *World at Risk Scenario* gelesen haben.«

Während er zusah, wurde die Geschichte, die man im Bericht skizziert hatte, Realität. »Alle, was Sie je gesehen haben, hat sich vor deinen Augen abgespielt und man findet es in ihrem Planspiel wieder«, sagte er. War das wirklich nur Zufall? Die Übereinstimmungen hätten ihn verblüfft, aber »Faktenchecker erklärten, es bestehe keinerlei Zusammenhang mit dem Coronavirus-Ausbruch«, sagte Dr. Martin. »Alles Zufall. Es handelt sich um dieses wunderbare Universum der Unwahrscheinlichkeiten, in dem Ereignisse einfach zeitgleich auftauchen und die Natur sich dann passend in unsere Architektur einfügt. Das ist das Szenario, das wir akzeptieren sollen. Genial.«

Ein Jahr vor Event 201 brachte das Johns Hopkins Center for Health Security viele derselben Sponsoren, Gastgeber und Akteure für ein Pandemie-Planspiel zusammen. Dieses Mal ging es um das fiktive Virus »Clade X«. Es handelte sich zum damaligen Zeitpunkt um die dritte Pandemieübung, die man veranstaltete. Die erste (»Dark Winter«) fand 2001 statt, nur wenige Monate vor 9/11.

»Der Zeitpunkt, nur wenige Monate vor 9/11, sorgte dafür, dass das furchteinflößende Ergebnis – der nahezu vollständige Zusammenbruch des Staats und der Zivilgesellschaft – so stark nachhallte«, schrieb Nicola Twilley, Reporterin des Magazins *New Yorker*, die die Übung beobachtete.»›Dark Winter‹ gilt als einer der Gründe dafür, dass George W. Bush Direktive 51 verabschiedete, ein zu weiten Teilen unter Verschluss gehaltener Plan, der den Fortbestand der Regierung im Falle eines ›katastrophalen Notfalls‹ gewährleisten soll.«[59]

Ein Großteil des Dokuments unterliegt der Geheimhaltung, aber die Abschnitte, die veröffentlicht wurden, ließen den Rückschluss dazu, dass ein Präsident im Katastrophenfall nahezu autoritäre Machtbefugnisse würde übernehmen können, bis hin zur Verhängung des Kriegsrechts. Wir wissen inzwischen, dass diese Direktive das Abhören amerikanischer Bürger auch ohne Gerichtsbeschluss, das Foltern vermeintlicher Feinde und viele weitere Dinge umfasst.

Eine durch und durch autoritäre Reaktion war auch das Ergebnis einer Katastrophenübung, die 2010 von der Rockefeller Foundation abgehalten worden war. In dem 54-seitigen Bericht »Scenarios for the Future of Technology and International Development« spielt das Pandemie-Szenario »Lock Step« eine Rolle. Es ist die Rede von einer »Welt strengerer Kontrolle durch die staatliche Obrigkeit und autoritärer Führung mit begrenzter Innovation und zunehmenden Gegenreaktionen der Bürger«.

Bei der »Clade X«-Übung ging es um die Frage, wie diese autoritäre Führung auf Ebene der Bundesstaaten ausgeübt werden könnte. Im Verlauf des Planspiels verhängten die Gouverneure Lockdowns und Einreisesperren für Amerikaner aus anderen Bundesstaaten – genau das, was beim echten Covid-19 geschah.

Wie in der Realität herrschte auch bei der Übung Verwirrung dadurch, dass unterschiedliche Bundesstaaten unterschiedliche

Richtlinien beschlossen und die Zentralregierung intervenierte. »Bei einem ernsten Ausbruch wird es Probleme mit dem Föderalismus geben«, sagte Tom Inglesby, damals Leiter des Center for Health Security an der Johns Hopkins Bloomberg School of Public Health. »Vielleicht wird man sie in den Griff bekommen, vielleicht auch nicht.«

Wie Twilley vom *New Yorker* schreibt: »Selbst innerhalb der künstlichen Beschränkungen der Simulation mangelte es an Führung. Alle waren sich einig, dass der Präsident grundsätzlich bei allem das letzte Wort hatte, aber niemand schien sich für Amerikas Reaktion auf den Ausbruch im Speziellen verantwortlich zu fühlen.«[60]

Der Politiker Tom Daschle, ein ehemaliger Senator für South Dakota, spielte während der Übung den Mehrheitsführer im Senat. Er beschwerte sich: »Wir stecken seit 5 Monaten in dieser Krise und ich kann Ihnen noch immer nicht sagen, wer hier das Sagen hat.«

Twilley schrieb: »Ironischerweise war wenige Tage zuvor eben jene Person, der diese Aufgabe im echten Leben zugefallen wäre – Konteradmiral Tim Ziemer – von seinem Amt als Leiter für globale Gesundheitssicherheit im nationalen Sicherheitsrat des Weißen Hauses entbunden worden.«[61] Dadurch war es so gut wie sichergestellt, dass die pandemische Fantasie des »Clade X«-Chaos Realität werden würde und dass Big Pharma und Big Business das von der Regierung geschaffene Machtvakuum füllen würden.

Tatsächlich war Ziemer, als Covid-19 ausbrach, noch nicht ersetzt worden. Auf Bundesebene fehlte die Führung und die Regierungen der Bundesstaaten konzentrierten sich vornehmlich darauf, ihre eigene Bevölkerung einzupferchen. Wer also sollte die globale Reaktion auf die medizinische Katastrophe steuern?

Die Weltgesundheitsorganisation war 1948 ausdrücklich zu diesem Zweck ins Leben gerufen worden. Die Behörde der Vereinten Nationen verfolgt das erklärte Ziel höchstmöglicher Gesundheit für alle erreichen. In der Praxis ähnelt das sehr dem, was die Seuchenschutzbehörde CDC in den USA macht – die WHO veröffentlicht Richtlinien, sie überwacht Epidemien und hat ein Auge auf die öffentliche Gesundheit.

Tatsächlich jedoch muss sich die Weltgesundheitsorganisation mit denselben Interessenkonflikten herumärgern wie viele andere Organisationen. Der Grund: Die WHO ist für ihr Überleben abhängig von externen Geldgebern. Ihr wurde exklusiv die Macht übertragen, die Gesundheit und das Wohlergehen der Menschheit zu steuern und zu schützen, aber ihr Funktionieren verdankt sie privaten Spenden, und der überwiegende Großteil des Gelds kommt von Pharma- und Biotech-Unternehmen, die die Organisation nicht ohne Hintergedanken unterstützen.

Im Haushaltsjahr 2018/19 beispielsweise waren die größten Unternehmensspender (im Gegensatz zu den Gebühren, die von den Mitgliedsstaaten erhoben werden):

- die Bill & Melinda Gates Foundation
  mit 531 Millionen Dollar,

- die Impfallianz Gavi (gegründet von Bill und
  Melinda Gates) mit 371 Millionen Dollar,

- Rotary International (seit über einem Jahrzehnt
  partnerschaftlich mit der Bill & Melinda Gates
  Foundation verbunden) mit 143 Millionen Dollar,

- die Weltbank (seit 2018 ein Partner der Bill & Melinda Gates Foundation) mit 133 Millionen Dollar,

- die Europäische Kommission (die Exekutive der Europäischen Union erhielt 2019 mehr als 45 Millionen Dollar an Spenden von der Bill & Melinda Gates Foundation) mit 131 Millionen und

- der National Philanthropic Trust (der von der Bill & Melinda Gates Foundation Millionen Dollar an Fördermitteln erhalten hat) mit 108 Millionen Dollar.[62]

Bereits 2017 fiel immer mehr Menschen auf, wie sich Bill Gates – wie bereits erwähnt, ein Mann ohne jegliche medizinische Ausbildung – immer stärker in die mächtigsten internationalen Gesundheitsorganisationen einmischte.

Damals berichtete *Politico* kurz vor der Ernennung eines neuen WHO-Direktors: »Der starke Einfluss, den der Software-Mogul auf die Weltgesundheitsorganisation hat, sorgt für Kritik wegen falscher Prioritäten und ungebührlicher Einflussnahme.«[63]

Zum Kandidatenkreis für das Amt des Direktors zählte auch der ehemalige äthiopische Gesundheitsminister Tedros Ghebreyesus. Sollte er gewählt werden, wäre er der erste Nicht-Arzt an der Spitze an der Weltgesundheitsorganisation.

»Vergangenes Jahr deutete ein französischer Diplomat an, dass auch Gates Tedros unterstützt«, so *Politico.* »Gates hat Gesundheitsprogramme in Tedros' Heimatland unterstützt, als dieser Gesundheitsminister war.«

Die Gates Foundation wies dies zurück und sagte *Politico*: »Die Stiftung kann keine Position einnehmen, schließlich ist sie kein stimmberechtigtes Mitgliedsland und muss insofern auch neutral bleiben.«

War irgendjemand überrascht, als trotzdem Tedros das Rennen machte? Dank der Rückendeckung durch Gates – sowie anderer mächtiger Verbündete wie die Clinton Global Initiative und die Kommunistische Partei Chinas – war seine Wahl praktisch ein Selbstläufer. Dass er nicht einmal Arzt war? Schwamm drüber. Noch beunruhigender allerdings waren einige der Skandale aus seiner Vergangenheit, die still und heimlich unter den Teppich gekehrt worden waren.

Vor seiner Berufung zur WHO war Tedros ein ranghohes Mitglied der äthiopischen Volksbefreiungsfront von Tigray (TPLF), einer brutalen und korrupten politischen Organisation, die Verbrechen gegen die Menschheit verübt hat, darunter Bombenanschläge, Entführungen, Folterungen und Tötungen. Ihm wird zudem vorgeworfen, in seiner Zeit als Gesundheitsminister von Äthiopien daran beteiligt gewesen zu sein, mindestens drei Choleraausbrüche in dem afrikanischen Land vertuscht zu haben.

Beim ersten Choleraausbruch wurde die Krankheit als »akute wässrige Diarrhöe« neu klassifiziert. Kritiker sagen, dies geschah, um die Schwere des Ausbruchs herunterzuspielen und möglichst wenig internationales Aufsehen zu erregen. Tatsächlich jedoch verhinderte es in erster Linie bloß, dass internationale Hilfsgelder fließen und ein Impfstoff verabreicht werden konnte. Für beides hätte die Regierung die Krankheit ausdrücklich als »Cholera« einstufen müssen. Kritiker werfen Tedros vor, er habe Bürger sterben lassen, um zu verhindern, dass er bloßgestellt wird.

Empört schrieb 2017 eine Gruppe amerikanischer Ärzte an Tedros und bat ihn, die Sache noch einmal zu überdenken. »Es handelt sich offenkundig um eine massive Choleraepidemie im Sudan und Ihr Schweigen zu diesem Thema wird mit jedem Tag, der verstreicht, immer verwerflicher«, schrieben sie. »Die unvermeidliche Geschichte, die über diese Choleraepidemie geschrieben werden wird, wird Sie gewiss in ein unerbittliches Licht rücken.« Die *Eurasia Review* schrieb im Mai 2020, die Ärzte hätten Tedros vorgeworfen, »mitschuldig zu sein an dem furchtbaren Leiden und Sterben zu sein, das sich weiterhin in Ostafrika ausbreitet«.[64]

Kein Wort davon in dem Lebenslauf, den Tedros der WHO vorlegte. Bis heute ist er in einigen Kreisen als »Doktor Vertuschung« bekannt, als Mann, der einer Denkfabrik zufolge »angeblich den Verfall bei der Unparteilichkeit und Rechtschaffenheit verkörpert, wie man sie von einer derart renommierten Einrichtung erwartet«.

Dr. Martin erklärte: »Wir leben in einer Zeit, in der Führung unglücklicherweise kompromittiert ist. Was ich damit meine, ist, dass Personen aufgrund ihrer Beeinflussbarkeit an die Macht kommen, und nicht wegen ihrer Führungsqualitäten. Nirgendwo tritt das deutlicher zutage als bei der Führung der Weltgesundheitsorganisation.«

Die wahren »Führer« der Welt sind diejenigen, die Einfluss nehmen, diejenigen, die über die Mittel verfügen, derartige Organisationen zu finanzieren. Davis spricht von den »verzahnten Direktoraten von Weltgesundheitsorganisation, CDC, NIAID oder den philanthropischen Tarn-Organisationen, die sie finanzieren«. Zu diesen derartigen »philanthropischen Tarn-Organisationen« zählt beispielsweise die Impfallianz Gavi, der Ableger der Bill & Melinda Gates Foundation, der sich für vermehrtes Impfen stark macht.

Derzeit gibt es mehr als 1300 Patente, die von Organisationen erteilt wurden und gehalten werden, die entweder von diesen Gruppen finanziert werden oder anderweitig mit ihnen verbunden sind. Wenn es um medizinische Forschung und Innovation geht, muss man heutzutage nur ein wenig an der Oberfläche kratzen, um nahezu überall die Fingerabdrücke von Bill Gates und Anthony Fauci zu finden.

Ein Beispiel ist Sherlock BioSciences, ein Hersteller diagnostischer Tests, der von der Gates Foundation massiv unterstützt wird. Oder EcoHealth Alliance, ein ehemaliger Partner des Virologischen Instituts Wuhan. EcoHealth Alliance erhielt Mittel von den NIH und hatte einen Direktor der Gates Foundation in ihrem wissenschaftlichen Beratergremium. Moderna, eines der führenden Unternehmen bei der Suche nach dem Covid-19-Impfstoff, wurde von der Gates Foundation mit Millionenbeträgen unterstützt und hat für seine klinischen Studien mit NIH und NIAID kooperiert.

Es handelt sich um ein hochgradig inzestuöses Geflecht. Selbst wenn wir nicht glauben, dass diejenigen, die die Fäden ziehen, böse Absichten verfolgen, sollten wir uns doch zumindest verdeutlichen, wie all diese Fäden zusammenhängen. Den Großteil der Geschichte der Menschheit haben wir versucht, eine derart gewaltige Bündelung von Unternehmensmacht zu verhindern.

Tatsächlich konnten in früheren Zeiten die Chefs pharmazeutischer Unternehmen ins Gefängnis kommen, wenn sie wissentlich ein gefährliches Produkt verkauften oder Beweise dafür vertuschten, dass ein Produkt negative Folgen für die öffentliche Gesundheit haben konnte. Heute gibt es höchstens einen Klaps auf die Hand in Form einer Strafzahlung.

Ein aktuelleres und besonders abscheuliches Beispiel sind die Sacklers, die Familie hinter Purdue Pharma, dem Hersteller von Oxycontin. Den Sacklers wird die Hauptschuld für die Opioidepidemie gegeben, die Amerika heimsucht und nahezu eine halbe Million Menschenleben gekostet hat. Angeblich haben sie auf der Jagd nach Gewinnen ihr Medikament auch dann noch verkauft, als sie längst wussten, dass es hochgradig süchtig macht.

Nach massiver öffentlicher Empörung bekannte sich Purdue Pharma schließlich schuldig, was die strafrechtlichen Vorwürfe rund um Oxycontin anging. Und kamen die Firmenbosse ins Gefängnis? Nein, das Unternehmen wurde mit einem siebenstelligen Bußgeld belegt. Die Sacklers willigten in die Zahlung von 225 Millionen Dollar ein, was in etwa dem Umsatz entspricht, den das Unternehmen in einem einzigen Quartal mit dem Medikament erzielte, oder 8 Prozent des Gesamtjahresumsatzes von Purdue Pharma. Bricht man das auf die Zahl der Amerikaner und Amerikanerinnen herunter, die während des Höhepunkts der Opioidepidemie gestorben sind, kommt man auf etwa 450 Dollar pro Kopf.

Für viele sind Bußgelder schlicht etwas, was in der Pharmaindustrie zum Geschäftemachen dazugehört. Laut Dr. Martin handelt es sich jedoch keineswegs um Bagatellen: »Wenn es Interessenkonflikte bei der Finanzierung gibt, bei den Entscheidungsprozessen und bei dem Insiderwissen zwischen konkurrierenden Organisationen, dann verstößt das gegen das Kartellrecht in den Vereinigten Staaten. Das sind Bundesverbrechen.«

Kapitel 7

Der »Wohltäter« Gates

»Beim Sozialstaat geht es in Wirklichkeit nicht um das Wohlergehen der Massen. Es geht um das Ego der Eliten.«

Thomas Sowell

Glaubt man den Legenden, war Bill Gates ein Computergenie, das von seiner Garage in Seattle aus ein Computerimperium errichtete. Ein Außenseiter mit Strickpullover und Brille, dem es mit seiner »Ich-kann-kein-Wässerchen-trüben«-Art irgendwie gelang, nicht nur ein Milliardenvermögen anzuhäufen, sondern auch Macht und Privilegien in beispiellosem Ausmaß. Es ist *die* amerikanische Erfolgsgeschichte, oder? Ja, tatsächlich, aber das ist nicht die eigentliche Geschichte.

Bill Gates kam in einer wohlhabenden und privilegierten Familie zur Welt. Sowohl sein Großvater als auch sein Urgroßvater waren Bankenmogule und sein Vater, William Gates Senior, ein bekannter Anwalt und politischer Lobbyist aus Seattle. Seine Mutter war Geschäftsfrau und politische Aktivistin und übernahm als erste Frau die Leitung von United Way, einer Organisation, die seit den frühen 1990er-Jahren im Mittelpunkt zahlreicher Finanzskandale stand. Wenn es um Macht in Amerika ging, kannte diese Familie sich zweifelsohne aus.

Bill besuchte die Lakeside Prep School, studierte dann in Harvard, brach aber im zweiten Jahr ab, um das Unternehmen ins Leben zu rufen, das später zu Microsoft wurde. Und schon damals verließ er sich nicht allein auf seinen Unternehmergeist, um in der Welt voranzukommen.

Als Bills junges Unternehmen in Turbulenzen geriet, sprach seine Mutter mit John Opel, der nicht nur im Vorstand von United Way saß, sondern auch der Chairman von International Business Machines (IBM) war. Im Nachruf, der in der *New York Times* auf Mutter Gates erschien, hieß es: »Einigen Berichten zufolge erwähnte Opel Mrs. Gates gegenüber einigen IBM-Managern. Einige Wochen später ging IBM ein Risiko ein und beauftragte Microsoft, damals noch ein kleiner Software-Betrieb, mit der Entwicklung eines Betriebssystems für seinen ersten Personal Computer«.[65] Das war 1980.

Das war die Starthilfe, die Bill gebraucht hatte. Als der PC von IBM auf den Markt kam, enthielt das Paket auch das Betriebssystem MS-DOS (Microsoft Disk Operating System). Microsoft rückte damit als große Nummer im IT-Bereich ins öffentliche Bewusstsein und Bill war auf dem Weg zum Erfolg. Dabei war MS-DOS im Grunde gar nicht seine Erfindung.

Im Dezember 1980 hatte Microsoft dem Unternehmen Seattle Computer Products (SCP) 25 000 Dollar dafür bezahlt, dessen Betriebssystem anderen Herstellern anbieten zu können. Im Juli 1981, einen Monat vor dem Start des IBM-PC, erwarb Microsoft für weitere 50 000 Dollar die vollständigen Rechte an dem System. Microsoft erlaubte SCP, weiterhin sein eigenes Betriebssystem zu vertreiben, aber ohne die nötige Hardware dazu tat sich das Unternehmen schwer, Kunden zu finden.

Schon bald wurde dem jungen Eigentümer von SCP klar, dass er nur noch eine Sache besaß, die für andere von Interesse sein könnte – die Software, die praktisch die Grundlage von Windows bildete. Die Möglichkeit, sich die Software zu sichern, die im Mittelpunkt von Bill Gates' Imperium stand, weckte natürlich großes Interesse bei der Konkurrenz von Microsoft, aber dass es dazu kommt, wollte Microsoft auf keinen Fall zulassen.

Die Spannungen eskalierten und ein Rechtsstreit brach los, der sich über Jahre hinziehen und viele Millionen Dollar verschlingen sollte. Schließlich einigte man sich außergerichtlich und Microsoft bezahlte SCP 925 000 Dollar – sowohl für das Recht, die von SCP erfundene Software zu verkaufen, aber im Grunde auch für das Recht zu behaupten, Bill habe die Software selbst erfunden.

Ein derartiger Fehler würde Bill nie wieder unterlaufen. Fortan sollte sich Microsoft als eine der umtriebigsten Kräfte im Patentsystem zeigen und über zahllose Holdinggesellschaften Zehntausende Patente beantragen. Auf diese Weise ließ sich im Falle von Rechtsstreitigkeiten sehr gut Vermögensschutz betreiben, außerdem vertuschte man auf diese Weise bestens, wie mächtig Microsoft tatsächlich geworden war.

In *Plandemic: Indoctornation* legt Dr. Martin dar, warum es nahezu unmöglich geworden ist, den Einfluss von Microsoft und Bill Gates auf Big Pharma und andere Innovationsbereiche zu entschlüsseln. »Ein Teil des Problems – und das reicht übrigens bei Microsoft bis in die 1980er-Jahre zurück – besteht darin, dass Bill Gates herausfand, dass es ausgesprochen schwierig ist, einen Weg zu entwickeln, auf dem man sich durch das Patentuniversum bewegen kann ...«, erklärte Dr. Martin. »Er wurde Architekt eines sehr ausgeklügelten Programms, Patente in Holdinggesellschaften zu parken, die mit dem Namen des eigentlichen Unternehmens nichts zu tun haben.« Das führte dazu, dass das wahre Ausmaß und das Wesen seiner Arbeit verborgen blieb.

2013 veröffentlichte Microsoft kurzzeitig eine durchsuchbare Liste von über 40 000 Patenten, die im Besitz des Konzerns und seiner Tochterunternehmen waren. Heute funktioniert dieser Link nicht mehr. Stattdessen findet man eine Seite mit vorgefertigtem Unternehmensblabla über die Bedeutung von Patenten.

Als er sein Unternehmen aufbaute, ließ sich Bill Gates von John D. Rockefeller inspirieren. Vollgestopft mit dem Geld aus seinem

IBM-Geschäft konnte er es sich erlauben, Sonderkonditionen einzuräumen und die Preise so weit zu senken, dass die Konkurrenz
auf der Strecke bleiben würde – und seine eigene Software sich als
»Goldstandard« etablieren würde.

Gates erwarb sich den Ruf, rücksichtslos vorzugehen. Von seinem
Vater hatte er alles über Recht und Politik gelernt und darüber, wie
man mit schmutzigen Mitteln die herrschenden Kräfte manipuliert.
Selbst seine besten Freunde waren davon nicht ausgenommen.

1975 hatte Gates Microsoft zusammen mit seinem Schulfreund
Paul Allen gegründet. Allen fungierte als Technikchef des Unternehmens, aber als das Unternehmen richtig durchstartete, war
er offenkundig überfordert. Enttäuscht von Allens Leistungen
rekrutierte Gates einen Kommilitonen aus Harvard, den super-
schlauen Steve Ballmer.

In seiner Autobiographie *Idea Man* schreibt Allen, er habe Gates
gesagt, für ihn sei es okay, wenn Ballmer 5 Prozent der Anteile erhalte. Später entdeckte er allerdings ein Dokument, wonach Gates
Ballmer mehr als 8 Prozent eingeräumt hatte. Zum Überlaufen
brachte es das Fass allerdings, als Allen zufällig mit anhörte, wie
Gates und Ballmer Pläne schmiedeten, Allens Aktienanteile zu
verwässern.

Er schrieb: »Sie beklagten, dass mein produktiver Output zuletzt
zu wünschen übrig gelassen hätte, und sie diskutierten, wie sie
durch die Ausgabe von Optionen an sich und andere Aktionäre
meinen Anteil verwässern könnten.«[66] Dass Allen nicht so viel
schaffte, lag nicht daran, dass er faul war, sondern dass er eine an-
strengende Chemotherapie durchmachte, denn kurz zuvor war bei
ihm ein Non-Hodgkin-Lymphom diagnostiziert worden. In einer

Zeit voller Ungewissheit, in der es für Allen wichtig gewesen wäre, dass man ihm den Rücken stärkt, beschloss sein Jugendfreund und Geschäftspartner, diesen Augenblick der Schwäche und Instabilität geschäftlich zu nutzen und ihn aus dem Unternehmen zu drängen, das er mit aufgebaut hatte. Allen schied kurz darauf bei Microsoft aus, kehrte weder dorthin zurück noch sprach er jemals wieder mit Gates.

Heute glauben die meisten Amerikaner, Bill Gates habe Microsoft ganz allein gegründet. Allen wurde aus der Historie gelöscht. Gates unternahm in den frühen Jahren von Microsoft einige sehr gewagte Schritte – und zwar ohne den Segen der Obrigkeit im amerikanischen Machtgefüge. Er spielte außerhalb der Grenzen, und es sollte nicht lange dauern, bis er dafür eine Ohrfeige bekam.

1998 kündigten das amerikanische Justizministerium und Generalsstaatsanwälte aus 20 US-Bundesstaaten Kartellrechtklagen gegen Microsoft an. Es ging darum, ob Microsoft das Gesetz gebrochen hatte, indem es Software bündelte und das Herunterladen konkurrierender Programme auf Microsoft-Hardware unmöglich machte. Microsoft verlor den Fall. Das Gericht kam zu dem Schluss, Microsoft habe gegen den Sherman Antitrust Act verstoßen und betreibe innerhalb der Computerbranche ein Monopol.

Microsoft ging umgehend in Berufung und das Urteil wurde gekippt. Und dennoch fühlte sich das Ganze für Microsoft eher wie ein Debakel als ein Erfolg an. Im Verlauf des Verfahrens hatte Gates 18 Stunden lang vor laufenden Kameras ausgesagt und das Bild, das dabei entstand, war wenig schmeichelhaft. Es widersprach der Geschichte vom Computerfreak aus dem Bundesstaat Washington, der das große Los gezogen hatte.

In der öffentlichen Wahrnehmung wandelte er sich vom bebrillten Wunderkind zu einem bösen Milliardär, der kluge, aufstrebende Jungunternehmer vernichtete. Ganz plötzlich fiel es leicht, ihn nicht zu mögen. Sollte er seine Geschäfte weiterhin im öffentlichen Raum tätigen, brauchte Bill Gates dringend einen Imagewandel.

Über Nacht verwandelte er sich vom unerbittlichen Technologie-Monopolisten zum großzügigsten Philanthropen der Welt. Gates gründete die Bill & Melinda Gates Foundation und kündigte im Jahr 2000 an, für den Anfang 100 Millionen Dollar zu spenden. Im Verlauf der nächsten 20 Jahre sollte die Gates Foundation Gesundheitsorganisationen, staatliche Stellen und Biotech-Unternehmen aus aller Welt mit Millionenbeträgen unterstützen.

Das viele Geld kam dabei aber nicht allein aus den Taschen von Bill und Melinda Gates. Die Gates Foundation unterhält ein robustes Anlageportfolio und die Investitionen umfassen genau die Unternehmen, die sie mit ihrem Geld unterstützen, beispielsweise Merck, Eli Lilly, Pfizer und andere Big-Pharma-Riesen. Das bedeutet, ihre »Fördermittel« verwandeln sich in clevere Investitionen.

Im Grunde expandierte die Gates Foundation rasch zu einem gewaltigen, vertikal integrierten multinationalen Konzern, der innerhalb einer Impfstofflieferkette, die von den Vorstandsetagen in Seattle bis in die Dörfer Afrikas und Asiens reicht, jeden einzelnen Schritt kontrolliert.

Seltsamerweise fragen sich nur wenige Menschen, wie sich ein Computerfreak und Studienabbrecher zum selbsterklärten weltgrößten Experten für Medizin im Generellen und Impfstoffe im Speziellen aufschwingen kann. Niemand stolpert darüber, dass in Reden, Interviews und anderen Stellungnahmen seine Ansicht über die Zukunft der Impfstoffe in die Welt hinausgetragen wird. Er war sogar die erste Privatperson (und natürlich der erste Nicht-Arzt), der bei der Versammlung der WHO-Mitgliedsstaaten die Grundsatzrede hielt.

»Ist doch alles kein Problem, solange er sein Geld zum Nutzen der Welt teilt, oder?« Könnte man meinen.

Nun, zunächst einmal bringen seine Investitionen im Pharmabereich handfeste Renditen. Wichtiger noch ist jedoch der Einfluss, der mit einer derartigen Investition einhergeht – die Macht, die Politik zu beeinflussen und mitreden zu können. Zweitens: Dank des niemals endenden Stroms an Pressemitteilungen und öffentlichen Auftritten ist uns allen seine »positive Arbeit« sehr wohl bewusst, aber immer wieder wird dabei unter den Teppich gekehrt, welche Schäden die Stiftung rund um den Globus angerichtet hat – ein Fakt, der beweist, dass er die Medizin den Fachleuten überlassen sollte.

Nehmen wir nur ein Beispiel: Indien. 2009 brachte die Gates Foundation Bollywood-Stars und andere Berühmtheiten dazu, Werbung für ein neues Programm von Massenimpfungen zu machen. Mehr als 24 000, überwiegend aus ländlichen Gemeinden stammende Mädchen erhielten »Wellness-Spritzen« (zumindest dachten sie das), und zwar zumeist ohne die Zustimmung der Eltern. Tatsächlich jedoch wurde ihnen ein – Berichten zufolge unerprobter – Impfstoff gegen das humane Papillomvirus (HPV) verabreicht, und zwar von einer Organisation namens PATH (Program for Appropriate Technology in Health).

In einem Zoom-Gespräch mit Mikki erklärte Mary Holland, die Chefjustiziarin von Children's Health Defense: »Die Leute, die diese

Impfstoffe verabreichten, belogen die Erziehungsberechtigten dieser Mädchen. Den Mädchen selbst sagten sie: ›Oh, das wird Krebs heilen. Ihr werdet niemals Krebs bekommen.‹ Und diese Mädchen wurden schwer geschädigt. Einige bekamen Krampfanfälle, einige entwickelten Krebs. Sieben Mädchen starben und es gab keine Versicherung, keinerlei Unterstützung für sie. Die Gates Foundation bestreitet, dass es sich um klinische Versuche gehandelt hat. Es war so schlimm, dass das indische Parlament eine eigene Taskforce ins Leben rief.«

Zum Zeitpunkt der Ermittlungen gehörte Dr. Colin Gonsalves dem obersten Gerichtshof Indiens an. Bei einem Zoom-Gespräch mit Mikki erinnerte er sich an die herzzerreißende Tragödie, über die in den amerikanischen Nachrichten so gut wie gar nicht berichtet wurde.

»Indien ist ein barbarisches Land. Die Dinge tragen sich dort auf eine sehr barbarische Weise zu«, begann er. »Trotzdem hat es mich überrascht mitanzusehen, wie unverfroren eine amerikanische Organisation am helllichten Tage agierte und Dinge auf eine, sagen wir, sehr, sehr indische Weise betrieb.«

Dann wurden Zweifel laut an dem von Gates finanzierten Impfprogramm: »Ich wollte, dass alle Abläufe untersucht werden«, erklärte Gonsalves. »Das indische Parlament bildete einen Ausschuss, was ich allein schon ziemlich überraschend fand, denn wenn es um arme Menschen geht, finden Untersuchungen auf einer derart hohen Ebene nur selten statt.«

Zunächst fielen die Ergebnisse so aus, wie man es hätte erwarten können: Die Regierung gelangte zu dem Schluss, dass der Tod der sieben Mädchen nicht das geringste mit dem Impfstoff zu tun hatte:

»Ein Mädchen ertrank in einem Steinbruch, ein anderes starb an einem Schlangenbiss, zwei begingen Selbstmord, indem sie Unkrautvernichtungsmittel einnahmen, und ein weiteres starb an Komplikationen durch Malaria. Bei den letzten beiden Mädchen war die Todesursache weniger deutlich: Eines starb möglicherweise an Pyrexie, hohem Fieber, das andere möglicherweise an einer Hirnblutung«, heißt es in dem Bericht. Weitere Ermittlungen förderten dann aber beunruhigende Hinweise ans Tageslicht.

2010 stellte die Regierung fest, dass es bei den Einwilligungserklärungen moralische Verstöße gegeben hatte. 2011 gelangte ein Bericht zu dem Schluss, dass es in der Studie keinerlei System zur Überwachung unerwünschter Nebenwirkungen gegeben habe. Und 2013 schließlich erschien ein weiterer Bericht und der ging richtig hart mit PATH und Partnern ins Gericht.

»Das war ein sehr außergewöhnlicher Bericht«, erinnerte sich Dr. Gonsalves. »Ich glaube nicht, dass das indische Parlament jemals einen derart vernichtenden Bericht veröffentlicht hat. Die Regierungsvertreter kamen und sagten: ›Wir hätten das nicht genehmigen dürfen. Es tut uns leid. Wir werden ihnen das nicht noch einmal erlauben.‹«

Das Magazin *Science* schrieb: »Anstatt einen Beitrag zum Schutz der Gesundheit von Frauen zu leisten, sei PATH dem Bericht zufolge ein willfähriges Werkzeug ausländischer Medikamentenhersteller gewesen, die die indische Regierung davon überzeugen wollten, den HPV-Impfstoff in ihren Impfplan aufzunehmen, eine Liste vorgeschriebener Impfungen, für deren Kosten der Staat aufkommt.«[67] (Der HPV-Impfstoff ist auf dem indischen Markt weiterhin erhältlich.)

Die schärfste Kritik sparte sich der Untersuchungsausschuss allerdings für den staatlichen Rat für medizinische Forschung auf. Dieser sei »weder seinen Aufgaben nachgekommen noch seiner Verantwortung als das ranghöchste Organ für medizinische Forschung im Land. Stattdessen hat er in übertriebener Begeisterung als williger Erfüllungsgehilfe für die Machenschaften von PATH gedient und hat sich dabei sogar in die Angelegenheiten anderer Behörden eingemischt. Das verdient die allerstrengste Verurteilung und härteste Bestrafung«.[68]

Nach dem Bericht stand die indische Regierung bis auf die Knochen blamiert da, aber PATH und vor allem die Gates Foundation kamen in der Öffentlichkeit sehr glimpflich davon. Trotzdem kündigte die indische Regierung 2017 an, ihre Verbindungen zur Gates Foundation zu kappen und das Impfprogramm selbst fortzuführen.

»In der Vergangenheit haben Kritiker Bedenken geäußert, dass die Stiftung wegen offensichtlicher Interessenkonflikte keine Verbindung zu dem Programm haben sollte«, berichtete *Reuters* damals. »Der Grund: Die Stiftung unterstützt auch die globale Impfallianz Gavi, zu deren Partnern große pharmazeutische Konzerne zählen.«[69]

Soumya Swaminathan, ein hoher Beamter des Gesundheitsministeriums, sagte *Reuters*: »Es herrschte die Auffassung, dass eine externe Agentur das Projekt finanziert, insofern könnte es Einflussnahme geben.«[70]

Das bedeutete nun keineswegs, dass die Gates Foundation dauerhaft aus Indien verschwand. Noch im März 2020 wirkte die Stiftung strategisch auf das medizinische Establishment des Landes

ein, in diesem Fall in Form einer nennenswerten Spende an das
All India Institute of Medical Sciences. Das geschah in der Absicht, »die von der Foundation in Indien geförderte Arbeit stärker
ins Bewusstsein zu rücken und zu mehr Nachdenken und Debatten zwischen den unterschiedlichen landesweiten Ebenen von
Politik und Entscheidern anzuregen«.[71]

Für Dr. Gonsalves war es leider wieder ein Déjà-vu. »Und jetzt
sind sie wieder da mit denselben alten Tricks«, sagte er kopfschüt-
telnd. »Sie kennen das ja … die Manipulation der Medien und die
Manipulation der öffentlichen Meinung durch Führungspersön-
lichkeiten aller politischen Parteien, die einstimmig erklären: ›Wir
wollen einen Impfstoff.‹«

Vor dem Hintergrund, dass die Coronavirus-Pandemie die weltweite Nachfrage nach einem Impfstoff befeuert, ist er überzeugt,
dass die Gates Foundation das Thema Indien keineswegs abgeschlossen hat.

Und tatsächlich waren es Ende 2020 die Gates Foundation und ihre
Partner wie Pfizer und Moderna, die mit angeblichen Lösungen an
den Start gingen.

»Das Schlimmste ist, dass sie als Philanthropen angesehen werden, während es in Wirklichkeit um den Erwerb politischer und
finanzieller Macht geht«, sagte Dr. Gonsalves.

Während sich die Gates Foundation hinstellt und ihre Arbeit in
Indien als gutes Werk in einem Entwicklungsland verkauft, sieht
Dr. Gonsalves die Dinge deutlich pragmatischer: »Das mit 1,3 Mil-
liarden zweitbevölkerungsreichste Land der Welt ist natürlich für
Pharmaunternehmen ein guter Standort, um einen ordentlichen

Reibach zu machen. Und dabei viele Menschen zu töten. Es ist furchteinflößend, was sie in Wahrheit mit der Welt anstellen.«

1986 verabschiedete der amerikanische Kongress den National Childhood Vaccine Injury Act (NCVIA), den Präsident Ronald Reagan mit seiner Unterschrift zum Gesetz machte. Das umfassende Gesetz stellte den Umgang Amerikas mit Impfstoffen völlig neu auf. Zunächst einmal wurde mit der Verabschiedung des NCVIA das National Vaccine Program Office ins Leben gerufen, um über CDC, FDA, NIH und andere Regierungseinrichtungen hinweg alle impfstoffbezogenen Themen zu koordinieren. Außerdem wurde beim Institute of Medicine, einer Non-Profit-Organisation, ein Ausschuss etabliert, der Fälle von unerwünschten Nebenwirkungen nach Impfungen prüfen sollte. Ärzte wurden angewiesen, derartige Ereignisse in die neue Datenbank VAERS (Vaccine Adverse Event Reporting System) einzutragen, die gemeinsam von CDC und FDA geleitet wird. Und schließlich erhielt die CDC den Auftrag, Impfinformationen zu erstellen, in denen die möglichen Risiken jeder Impfung aufgeführt sind. Die Ärzte wurden dazu verpflichtet, ihren Patienten vor einer Impfung diese Infoschreiben vorzulegen, um eine informierte Zustimmung zu gewährleisten. (Allerdings zwang niemand die Patienten, das Kleingedruckte zu lesen.)

Sollte es allerdings zu unerwünschten Nebenwirkungen kommen, konnten Patienten fortan die Impfstoffhersteller nicht mehr direkt verklagen. Stattdessen schuf das NCVIA für den Umgang mit Beschwerden das National Vaccine Compensation Program (NVCP). Wer meint, ein auf der Liste des NVCP aufgeführtes Vakzin habe ihm Schaden zugefügt, kann sich bei dem Programm melden, und wenn seinem Antrag stattgegeben wird, enthält er eine Entschädigung. Dieses Geld kommt jedoch keineswegs von den Impfstoffherstellern – es kommt von uns, also vom Steuerzahler.

Wann immer jemand eine Impfung erhält, fließen 75 US-Cent Verbrauchssteuer direkt in den Vaccine Injury Compensation Trust Fund. Angesichts der Menge an Kindern, die in Amerika geimpft werden, kommen da rasch ordentliche Summen zusammen. Von 2013 bis 2017 beispielsweise schüttete das Programm jedes Jahr durchschnittlich 229 Millionen Dollar an amerikanische Familien aus, seit seiner Gründung in den 1980er-Jahren flossen insgesamt über 4 Milliarden Dollar. Diese Zahl steht für eine ganze Menge unerwünschter Nebenwirkungen.

Diese Zahl beruht aber keineswegs auf der Gesamtzahl an Schädigungen, sondern nur auf dem geringen Prozentsatz der Fälle, die gemeldet und zur Prüfung auf Schadenersatzanspruch zugelassen wurden. Nicht alle Impfstoffe sind für das Kompensationsprogramm zugelassen und viele Menschen haben schlichtweg nicht die Zeit oder die finanziellen Mittel, um das Klageverfahren zu durchlaufen.

Wenn es um Big Pharma und Covid geht, ist allerdings nicht nur das NCVIA-Gesetz von Bedeutung. Nach 9/11 bekamen das Entschädigungsprogramm und die damit einhergehende Haftung mit dem Inkrafttreten des PREP Act (Public Readiness and Emergency Preparation Act) enormen Schub. Das neue Gesetz erlaubt es dem Gesundheitsministerium, alle, die an der Entwicklung von Maßnahmen gegen Krankheiten und anderen Bedrohungen der öffentlichen Gesundheit mitwirken, pauschal von sämtlichen Haftungsansprüchen zu befreien. Das war bei Covid selbstredend der Fall.

Im März 2020 veröffentlichte das Gesundheitsministerium eine Erklärung, die alle Personen, Unternehmen oder Organisationen unter Schutz stellt, die an der Entwicklung, Herstellung, Erprobung, dem Vertrieb oder der Verabreichung von allem, was mit

Covid-19 zusammenhängt, zu tun haben. Egal, was geschieht, solange es sich nicht um »absichtliche Behandlungsfehler« handelt, wird niemand von Big Pharma jemals für irgendetwas belangt werden, was mit Covid-19 zu tun hat. Sie lassen sich impfen und werden krank? Dann sind Sie auf sich gestellt. Sie tragen eine Maske und die macht Sie krank? Dumm gelaufen. Sie verlieren Ihren Job, weil Sie krank werden, oder die Kosten für Ihre Krankenversicherung explodieren deswegen? Mensch, Sie haben aber auch Pech.

Impfstoffe *können* schützen. Das besagt die Wissenschaft. Sie *können* Leben retten. Und trotzdem: Ist es wirklich eine gute Idee, ein System zu erschaffen, bei dem Impfstoffhersteller buchstäblich *keinerlei* Anreiz haben, für die Unbedenklichkeit ihrer Produkte zu sorgen? Ja, wir möchten annehmen, dass es ihnen tatsächlich nicht egal ist, ob sie Menschen wehtun, aber die Geschichte hat uns gelehrt, dass gute Absichten nicht immer verhindern können, dass Menschen sterben müssen.

Gleichzeitig gibt es einen gewaltigen Anreiz, als Erster am Markt zu sein. Schon bevor das Coronavirus zugeschlagen hat, gab es im Medizinsektor eine starke Verlagerung hin zu mehr Impfstoffforschung. In *European Molecular Biology Organization Reports* (EMBO) erschien eine Studie, wonach zwischen 2003 und 2007 die Förderung allgemein impfstoffbezogener Forschung um 41 Prozent gestiegen ist und dabei die Suche nach einem Malariaimpfstoff (96 Prozent) und nach einem Tuberkuloseimpfstoff (62 Prozent) ganz besonders gefördert wurde.

Das ging zulasten anderer Krankheiten. Die Forschung an Herzkrankheiten beispielsweise – noch immer die häufigste Todesursache in den USA – verzeichnete für denselben Zeitraum gerade einmal ein Plus von 3 Prozent.

Die Wissenschaftler der EMBO-Studie waren in ihrem Urteil sehr deutlich: Das Interesse, das die NIH an globalen Gesundheitsinitiativen an den Tag legte, und die finanzielle Unterstützung, die die Behörde beisteuerte, waren ziemlich plötzlich gestiegen und das lag nahezu ausschließlich am Einfluss der Bill & Melinda Gates Foundation. Dass die Gates Foundation die NIH *angewiesen* hat, mehr für Impfstoffe zu tun, wollten die Wissenschaftler nicht behaupten. Sie verwiesen allerdings darauf, dass Politiker weitaus empfänglicher für Druck von außen sind. Der Kongress hat keine Probleme damit, der NIH zu sagen, was sie mit ihren Fördermitteln anfangen sollen. Genau das geschah in den 1990er-Jahren mit Aids und später auch mit der Brustkrebsforschung.

Im Grunde schreibt Bill Gates unserem Land – und damit der Welt – die medizinische Agenda vor. Der öffentliche Auftrag der Stiftung lautet, den gesundheitlichen Zustand aller Menschen zu verbessern und zu schützen, aber die Gründer sind in großem Stil bei einer Vielzahl von Unternehmen Großinvestoren, die zu den schlimmsten Verschmutzern unseres Planeten und unserer Körper zählen. Das sollte Anlass für kritische Nachfragen sein.

»Richtet die weltgrößte philanthropische Organisation mit dem Geld, mit dem sie Gutes bewirken will, Schaden an?«, fragte im Januar 2007 Amy Goodman von der Organisation Democracy Now. »Das ist die Frage, die aktuell über der Stiftung von Microsoft-Gründer Bill Gates und dessen Frau Melinda hängt. Die *Los Angeles Times* hat enthüllt, dass die Bill & Melinda Gates Foundation jedes Jahr Millionen Dollar verdient mit den Unternehmen, die für viele eben jener gesellschaftlichen und gesundheitlichen Probleme verantwortlich sind, die die Stiftung aus der Welt schaffen will.«[72]

Das war 2007. In der Zwischenzeit hat Gates sein weltumspannendes Monopol gewaltig ausgebaut. Er zählt nicht nur zu den größten Aktionären von Monsanto, dem Hersteller des nachweislich krebserregenden Pflanzenschutzmittels Roundup, er mischt auch bei nahezu jedem großen Dienstleister mit, der in unserem Alltag eine Rolle spielt – Riesen wie Apple, Amazon, United Parcel Service, FedEx, Crown Castle International (Immobilien), Canadian National Railway, Caterpillar, Waste Management, Berkshire Hathaway (Anlageunternehmen), Grupo Televisa (Medien), Liberty Global (Kommunikation), UPS, Walmart, Alphabet (das Mutterunternehmen von Google und YouTube). Und das ist nur eine kleine Auswahl.

Im Januar 2021 meldete *The Land Report:* »Bill Gates ist nun der größte Besitzer von Ackerland in den Vereinigten Staaten. Ihm gehört Land in Washington, Kalifornien, Idaho, Wyoming, Colorado, New Mexico, Arizona, Nebraska, Iowa, Wisconsin, Illinois, Michigan, Indiana, Ohio, North Carolina, Florida, Mississippi, Arkansas und Louisiana.«

In ihrem 73-seitigen Bericht (*Earth Democracy: Connecting Rights of Mother Earth to Human Right and Well-Being of All*) zerlegt die zu den amerikanischen Ureinwohnern gehörende Pädagogin und Umweltaktivistin Vandana Shiva das Vorhaben von Bill Gates, bis 2050 zu erreichen, was er als »klimaneutral« bezeichnet:[73]

> »In der neuen ›klimaneutralen‹ Welt werden Bauern nicht als Hüter des Landes und als Pfleger, als *Annadatas,* die für unsere Nahrung und unsere Gesundheit sorgen, respektiert und entlohnt. Sie werden keinen fairen und gerechten Preis dafür erhalten, dass sie durch umweltfreundliche Prozesse, die die Landwirtschaft als

Ganzes schützen und erneuern, gesunde Lebensmittel produzieren. Sie werden dafür bezahlt, Fragmente der ökologischen Funktionen des Systems linear zu extrahieren, eines Systems, das sich an die neue ›klimaneutrale‹ Klimalösung koppeln lässt, die auf falschen Berechnungen fußt, auf falscher Wissenschaft, und die eine Fortsetzung der Emissionen erlaubt, während sie die Kontrolle über das Land der Indigenen und der Kleinbauern übernimmt. ›Klimaneutral‹ ist eine neue Strategie, die darauf abzielt, die Kleinbauern loszuwerden, zunächst durch ›digitale Landwirtschaft‹ und ›Landwirtschaft ohne Landwirte‹, dann durch die Belastung der Fake-Kohlenstoffbuchhaltung. Klimakompensation und der neue Bilanzierungstrick der ›Klimaneutralität‹ bedeuten nicht, dass man klimaneutral agiert. Es bedeutet nur, dass die reichen Umweltverschmutzer weiterhin die Umwelt verschmutzen werden und sich das Land und die Ressourcen derjenigen greifen werden, die die Umwelt nicht verschmutzt haben – der indigenen Menschen und der Kleinbauern.«

In einem Interview mit Dr. Joseph Mercola nahm Vandana Shiva im März 2021 kein Blatt vor den Mund: »Gates übt gewaltige Kontrolle über die globale Landwirtschaft und Lebensmittelproduktion aus und es gibt praktisch keinerlei Beweise dafür, dass er von guten Absichten getrieben wird. […] Sollten wir im nächsten Jahrzehnt nicht schützen, was geschützt werden muss … und diesem Kriminellen den Heiligenschein wegnehmen, dann wird er nicht mehr viel übrig lassen, was gerettet werden müsste.«[74]

Beunruhigend sind nicht nur die monopolistischen Tendenzen von Bill Gates, auch einige der Figuren, mit denen er Geschäfte macht, stehen im Widerspruch zu seinem humanitären Auftreten.[75]

Im Oktober 2019 berichtete die *New York Times* über die geheimnisvolle Beziehung zwischen Bill Gates und dem verurteilten

Sexhändler Jeffrey Epstein. Die Zeitung schreibt: »Gates und Epstein trafen sich erstmals in dem New Yorker Zuhause von Epstein, keine 2 Jahre, nachdem Epstein 2009 aus dem Gefängnis entlassen worden war.«[76]

Damals hatten 36 Frauen und Mädchen Epstein Missbrauch vorgeworfen, einige von ihnen gerade einmal 14 Jahre alt. Durch einen groben Justizirrtum wurde Epstein nur in einem einzigen Fall wegen Sex mit Minderjährigen und in einem einzigen Fall wegen erzwungener Prostitution einer Minderjährigen verurteilt.

Die *New York Times* berichtete: »Gates ist auch mit dem ›Lolita-Express‹ geflogen, Epsteins berühmt-berüchtigten Privatjet, und er blieb wiederholt bis spät in die Nacht in Epsteins New Yorker Anwesen.«

Mikki erklärt: »Was man in *Indoctornation* sieht, ist gerade einmal die Spitze des Eisbergs, was das Ausmaß der Gates-Epstein-Affäre anbelangt. Wir hatten uns jedoch darauf verständigt, ausschließlich Fakten zu bringen, die sich durch einfache Recherche verifizieren ließen, insofern mussten leider einige der zwielichtigsten Geschäfte, die die beiden Milliardäre gemeinsam betrieben hatten, außen vor bleiben. Wir waren halt nicht bereit, auch nur eine einzige Behauptung aufzustellen, die wir nicht mit harten Fakten untermauern konnten. Intensive Recherche hat uns gezeigt: Wenn du einer der reichsten Menschen der Welt bist und zudem einer der größten Geldgeber bei nahezu jeder führenden digitalen Nachrichten- und Informationsplattform, dann hast du die Macht, die Geschichte zu löschen.«

Kapitel 8

Faktencheck für die Faktenchecker

> *»Bildung ist nicht*
> *das Lernen von Fakten.*
> *Es ist vielmehr die*
> *Schulung des Geistes.«*
>
> **Albert Einstein**

»Es handelt sich um einen Augenblick kognitiver Dissonanz, der sich im Gehirn festsetzt«, sagte Dr. Martin zu Mikki, während die Kameras für *Plandemic: Indoctornation* liefen. »So wie ›Denk an die Weltwirtschaftskrise‹ oder ›Denk an 9/11‹.«

»Wir werden darauf konditioniert, eine Entschuldigung für die unglaubliche Tyrannei zu haben, die man mit ›Denk an 2020‹ rechtfertigen wird«, fuhr er fort. »Eure Lieben, die gestorben sind, die infiziert sind, wird man als Kanonenfutter verwenden. Das ist die endgültige Entweihung ihrer Ehre und Integrität.«

»Gleichzeitig ist es ein Test: Wie viel von unserer Freiheit geben wir auf, bevor wir endlich einen Schlussstrich ziehen und sagen: ›Jetzt reicht's‹«, sagte David.

»Und was machen wir jetzt?«, antwortete Mikki.

»Es ist nicht der Moment, an dem wir uns zu einem Mob zusammenrotten, die Übeltäter aufspüren, sie auf den Marktplatz schleppen und an den Pranger stellen«, fuhr Dr. Martin fort. »Dies ist ein Moment, in dem wir erkennen müssen, dass jede einzelne Entscheidung, die eine der verschworenen Parteien getroffen hat, in jeder Hinsicht absolut sinnvoll war. Die Summe der einzelnen Schritte jedoch hat in die Zerstörung geführt, denn sie haben die Verbindung zu ihren Mitmenschen verloren.«

»Aber das ist eine Aufforderung an jeden von uns zu überprüfen, wie wir leben und zu sehen, dass keine einzige von uns getroffene Entscheidung ohne Folgen bleibt, nicht eine, zu keinem Zeitpunkt. Das ist der Augenblick, an dem wir unsere Menschlichkeit zurückfordern.«

Nach 4,5 Stunden war das Interview im Kasten – und das gesamte Team bis ins Mark erschüttert. Dr. Martins Interview war nicht einfach nur ein Puzzleteil von *Plandemic 2*, es war die Grundlage eines völlig neuen Projekts, *Plandemic: Indoctornation*.

»Ursprünglich war eine Trilogie geplant, drei Episoden von jeweils 30 Minuten«, sagte Mikki. »Wir waren mitten im Schneideprozess, als die Onlinezensur immer heftiger wurde. Ich dachte: ›Möglicherweise bekommen wir keine Gelegenheit mehr für einen dritten Film.‹ In letzter Sekunde entschied ich, aus Teil 2 und Teil 3 einen einzigen Film in Spielfilmlänge zu machen.« *Indoctornation* ist das Ergebnis.

Dank der Wellen, die Teil 1 geschlagen hatte, konnte das Team dieses Mal auf die Unterstützung Hunderter führender Ärzte und Wissenschaftler aus aller Welt zurückgreifen. Mikki nutzte sie alle als De-facto-Faktenchecker. »Ich schrieb einen Teil des Films und schickte die Rohfassung an drei unterschiedliche E-Mail-Threads mit der Bitte um Feedback«, erklärte er. »In einem Thread waren ein Dutzend oder mehr Ärzte und Impfexperten. Im zweiten waren Rechtswissenschaftler und Patentanwälte. Und der dritte war mit einer Mischung aus Rechercheuren und Journalisten besetzt. Ich bat alle drei, jede einzelne Behauptung so lange zu überprüfen, bis wir alles richtig hatten.«

Mikki weiter: »Im nächsten Schritt erstellten wir einen Rohschnitt des Teils, an dem wir arbeiteten, und schickten ihn zur weiteren Überprüfung an das Kollektiv. Nachdem alle mit den Informationen zufrieden waren, fügten wir diesen Teil in den Gesamtfilm ein.«

Das Produktionsteam von *Plandemic* und ihre Rechercheure waren bereit für diese Herausforderung. Sie durchforsteten obskure medizinische Fachzeitschriften, prüften offizielle staatliche Berichte, lasen Berge von Gesetzestexten, gingen Steuerunterlagen durch, riefen Patente ab und führten mit Augenzeugen Hintergrundgespräche. An jeder wichtigen Aussage arbeiteten sie einen Tag oder eine Woche, um sicherzustellen, dass alles hieb- und stichfest ist.

Einen Dokumentarfilm in Spielfilmlänge zu produzieren, ist üblicherweise ein Unterfangen von 1 bis 5 Jahren. Bei *Indoctornation* dauerte es etwas über 3 Monate. Die langen Nächte waren es wert, wenn der Film noch während der Pandemie veröffentlicht werden konnte, denn dann bliebe noch Zeit, die Öffentlichkeit zu informieren, welche Gefahren die freiwillige Teilnahme an einem globalen medizinischen Experiment mit sich bringen könnte. Eines der grundlegendsten Menschenrechte ist das Recht, sein Einverständnis geben zu können, aber wenn die Öffentlichkeit von Angst gelähmt ist, bleibt dieses Recht zu häufig auf der Strecke.

Kurz vor dem Veröffentlichungstermin war das Team guter Dinge. Sie hatten viel aus der Veröffentlichung von Teil 1 gelernt, und was sie geschaffen hatten, war eine starke Antwort auf die Kritiken. Nach der Veröffentlichung von *Plandemic 1* kamen die Angriffe auf Dr. Mikovits rasch und sehr heftig – vor allem deshalb, weil Judy ein dermaßen leichtes Ziel abgab.

Bereits früher war Dr. Mikovits mit Big Pharma aneinandergeraten und bei diesen Gelegenheiten durch den Dreck gezogen worden. Nur einer dieser älteren Artikel würde den meisten Medien reichen, um die Attacken neu anzufachen. Dafür bedurfte es kein Übermaß an kritischem Denken oder journalistischen Know-hows.

Dr. Martin dagegen hatte keine derartigen Altlasten. Er ist ein Finanzanalyst und Gründer des weltweit ersten quantitativen

Aktienindex, des an der Wall Street gehandelten CNBC IQ 100. Er ist Batten-Stipendiat an der Darden Graduate School of Business Administration der Universität von Virginia. Er hatte den Vorsitz im Bereich Wirtschaftsinnovation der Internationalen Organisation für erneuerbare Energien (IRENA), die den Vereinten Nationen angeschlossen ist. Er war als Berater für zahllose Zentralbanken tätig, für globale Wirtschaftsforen, die Weltbank, die International Finance Corporation sowie diverse Regierungen, darunter der US-Kongress.

Dass sich jemand mit einem derartigen Hintergrund aus der Deckung wagt, ist an sich bereits eine große Nummer. In vielerlei Hinsicht *war* Dr. Martin das Establishment. Er kannte die Besonderheiten und wusste, wo die Leichen vergraben waren. Dieses Mal würde es also schwer werden, kurz mal Google aufzurufen und sich etwas herauszupicken, was man gedankenlos nachplappern konnte.

Das *Plandemic*-Team wusste, was es von Big Tech zu erwarten hatte. Diesmal hatte man eine eigene, dezentralisierte Webseite aufgebaut, was es deutlich schwieriger machen würde, sie vom Netz zu nehmen. Um vor der offiziellen Veröffentlichung die Vorfreude anzufachen, teilte das Team die Nachricht vom bevorstehenden Start von *Indoctornation* mit den Followern, die man mit *Plandemic 1* hatte gewinnen können. Das Team bat darum zu verbreiten, wo man die Premiere im Livestream würde verfolgen können.

Freitag, der 18. August 2021, war als Termin für die Weltpremiere von *Plandemic: Indoctornation* auf der beliebten britischen Plattform London Real ausgewählt worden. In den Tagen vor der Premiere wurden die Ankündigungen von London Real geteilt und tausende Male auf allen großen Social-Media-Plattformen gelikt.

Die Mitteilung, dass das Video demnächst erscheinen würde, hatte aber natürlich auch die Kritiker alarmiert – und die Trolle standen ebenfalls bereit. Während sie den Start des Livestreams vorbereiteten, schickten die Entwickler von London Real dem *Plandemic*-Team eine E-Mail:

Betreff: DOS-Angriff

Wir haben es hier mit TONNEN von Brute-Force-DoS-Angriffen zu tun. Siehe Log im Anhang. Irgendjemand versucht, den Zugang zu unserer Seite zu stören. Wir haben es geschafft, aber es zeigt, wie weit sie bereit zu gehen, um zu verhindern, dass diese Informationen veröffentlicht werden.

London, 18. August um 19:30 Uhr

»Willkommen zur Weltpremiere des möglicherweise wichtigsten Dokumentarfilms, den Sie je sehen werden«, sagte London-Real-Gründer Brian Rose, der die Veranstaltung moderierte. Letztlich sollte die Premiere ohne Pannen verlaufen. *Plandemic: Indoctornation* stellte einen Weltrekord für die größte Livestream-Übertragung eines Dokumentarfilms auf. Über 1,9 Millionen Zuschauer verfolgten das große Ereignis mit, am Ende des Tages war der Film allein auf der Plattform von London Real über 4 Millionen Mal angesehen worden. Nach dem Ende des Livestreams veröffentlichte das *Plandemic*-Team den Film auf verschiedenen Plattformen – wohlwissend, dass genau wie beim letzten Mal der Zensurhammer der sozialen Medien früher oder später fallen würde. Sie hatten nur keine Ahnung, wie schnell.

Noch vor Ende der Filmpremiere blockierte Facebook den Livestream und Kritiker erklärten, der Inhalt des Films sei widerlegt.

Da sie nicht in der Lage waren, eine einzige falsche Behauptung zu nennen, griffen die Kritiker zu lahmen Einzeilern:

NBC News: »Langweilig«

PolitiFact: »Gähn«

BuzzFeed News: »Ein Flop.«

Der einzig wirkliche Flop war der Versuch, die Menschen davon abzubringen, sich den Film anzusehen und ihn zu teilen. Am Ende des ersten Tages war der London-Real-Link mehr als 300 000-mal geteilt worden.

Mikki hatte sich dafür entschieden, alle überhitzten Themen zu vermeiden, die bloß ablenken würden, Themen wie Masken, Social Distancing und alles, was mit der Sicherheit und Wirksamkeit von Impfstoffen zu tun hat. Infolgedessen mussten die Kritiker dieses Mal die Fehler schon bei den Informationen selbst finden.

Und natürlich waren die meisten Reporter dafür schlichtweg zu faul. Die wenigen, die töricht genug waren, Dr. Martins Behauptungen anzugreifen, begingen häufig schwere Fehler, etwa indem sie Patente falsch lasen oder wichtige Details falsch interpretierten. Selbst Patentanwälte hatten teilweise Verständnisprobleme und viele meldeten sich. Dr. Martin stand ihnen Rede und Antwort.

»David begann, all die Faktenchecker und Kritiker zu kontaktieren«, erklärte Mikki. »Ich bekam jede Mail in Kopie. Jeden Morgen nach dem Aufwachen sah ich rasch im Thread nach, mit wem David an diesem Tag debattierte. Seine Kontaktaufnahme begann stets mit einer freundlichen Einladung:

Sehr geehrte Dame, sehr geehrter Herr,

vielen Dank, dass Sie über *Plandemic: Indoctornation* berichtet haben. Leider hat es unserer Meinung nach den Anschein, als seien
einige zentrale Punkte fehlerhaft interpretiert worden. Wir haben
zur Richtigstellung die Originaldokumente beigefügt. Bitte zögern
Sie nicht, uns zu kontaktieren, sollten Sie weitere Fragen haben.
Wir würden uns freuen, wenn Sie nach einer Überprüfung eine
öffentliche Richtigstellung vornehmen würden.

Mit freundlichen Grüßen

Das *Plandemic*-Team

»Nur einige wenig waren selbstbewusst genug zu antworten«, sagte Mikki. »Üblicherweise schickte der Faktenchecker einen Link
zu einer gefälschten Studie. David zeigte ihnen dann all die Fehler in ihrer Beweisführung auf. Daraufhin verschwanden sie und
antworteten nicht mehr auf unsere Nachrichten. Nicht einer besaß
den Anstand, einen Widerruf anzubieten oder gar seinen Fehler
einzugestehen.«

Kapitel 9

Am Ende zurück zum Anfang

»Ohne Gedankenfreiheit gibt es keine Weisheit. Und ohne Redefreiheit keine öffentliche Freiheit.«

Benjamin Franklin

Zu diesem Zeitpunkt standen Amerika die größten Herausforderungen noch bevor. In den folgenden 6 Monaten sollten die Zahlen
der Covid-19-Toten in die Höhe schnellen. Frust, Wut und Angst
machten sich im ganzen Land breit und ein noch nie dagewesener
politischer Aufruhr sorgte endgültig dafür, dass sich die Stimmung
dem Siedepunkt näherte. Für einige war der Amtsantritt von Präsident Joe Biden und Vizepräsidentin Kamala Harris am 20. Januar
2021 der Beginn einer neuen Ära. Doch bereits am ersten Tag im
Amt warnte Präsident Biden die Bevölkerung davor, sich von über-
triebenem Optimismus anstecken zu lassen. Die Coronazahlen
stiegen wieder und die Amerikaner im ganzen Land wurden aufge-
fordert, Lockdowns, Maskenpflicht und die schmerzhafte Surreali-
tät eines Lebens in der Pandemie geduldig zu ertragen.

Weite Teile des Jahres 2020 über war »Impfstoff« ein Schlachtruf für
all jene gewesen, die auf Licht am Ende des Tunnels hofften. Präsident Trumps Operation »Warp Speed« zielte darauf ab, innerhalb
weniger Monate einen wirksamen Impfstoff gegen Covid-19 zu
entwickeln –, obwohl die Entwicklung eines Impfstoffs typischer-
weise mehrere Jahre in Anspruch nimmt.

Im Dezember 2020 erhielt dann tatsächlich ein Impfstoff von Moderna, einem Arzneimittelhersteller aus Massachusetts, von der
FDA die Zulassung für den Vertrieb (das erste Mal überhaupt,
dass Moderna für ein Produkt eine FDA-Zulassung bekommen
hatte). Kurz darauf folgte ein Impfstoff von Pfizer und auch die
Vakzine von Johnson & Johnson sowie AstraZeneca waren nicht
mehr weit. Doch die Einführung des Impfstoffs war jedoch alles
andere als ein Selbstläufer, vielmehr hatte man es hier mit derselben Ineffizienz, denselben Schwierigkeiten und denselben Fehlern
zu tun, die schon zuvor bei der Bekämpfung von Covid-19 auf-
getreten waren.

Dr. Martin erklärte im Januar 2020 in einem Interview: »Das Problem ist, dass mit ATI ein Rüstungsunternehmen offiziell für die Verteilung des Impfstoffs zuständig ist. Die Leute achten einfach nicht auf die Fakten, die eigentlich direkt vor ihrer Nase liegen, und das ist ganz offensichtlich. Es ist nicht geheim, was mit diesen Leuten los ist.«

»ATI (Advanced Technology International) ist ein Unternehmen aus South Carolina und nicht nur direkt an der Umsetzung von Operation ›Warp Speed‹ beteiligt, sondern, was noch viel wichtiger ist, auch noch diejenigen, die den Auftrag für staatliche Propaganda und den Umgang mit Falschinformationen erhielt«, so Dr. Martin weiter. »Ein Unternehmen, das in der Vergangenheit für das Verteidigungsministerium Falschinformationen und Propaganda gemanagt hat, bekommt also den Auftrag, den Impfstoff unters Volk zu bringen. Wen überrascht es zu hören, dass man dort keine Erfahrung und keine Infrastruktur für dergleichen hat? Ein Schock ist das jedenfalls nicht.«

Auch wenn das Versagen der Infrastruktur vorhergesagt worden war, tauchte noch eine weitere Schwierigkeit auf, die für die Behörden keine große Überraschung war: Die medizinischen Arbeitskräfte, die monatelang heldenhaft an vorderster Front geschuftet hatten, sollten nun zum Dank für ihren Einsatz als Erste den Impfstoff erhalten, aber viele wollten ihn gar nicht.

In einem Bericht von Surgo Ventures heißt es, 15 Prozent des landesweit befragten Personals im Gesundheitswesen beabsichtige, den Piks abzulehnen. In einigen Fällen wurde die Zahl der Verweigerer mit bis zu 50 Prozent angegeben.

Verständlicherweise herrschte auch bei schwarzen Amerikanern ein hohes Maß an Misstrauen gegenüber dem Impfstoff, was schon früh bei der Verteilung zu Schieflagen führte. Im Dezember 2020 berichtete *Time*, von 350 000 Menschen, die sich online für den Impfstoff registriert hatten, seien nur 10 Prozent schwarz oder hispanischer Abstammung. Diese beiden Gruppen stellen über 30 Prozent der amerikanischen Bevölkerung.

Dr. Martin war die ganze Zeit über online aktiv und forderte die Menschen dazu auf, sich über die wahre Natur des »Impfstoffs« zu informieren. Rechtlich gesehen ist ein Impfstoff »ein Präparat, das getötete oder abgeschwächte Mikroorganismen oder Teile davon enthält, die nach Verabreichung eine Immunität hervorrufen, die vor einer Erkrankung schützt«.[77]

Der Covid-19-Impfstoff (zumindest die am weitesten verbreiteten von Moderna und Pfizer) enthält keinen Teil des Covid-19-Virus, weder tot noch lebendig. Stattdessen setzt sich der Impfstoff aus mRNA oder Boten-RNA zusammen. Boten-RNA ist Genmaterial, das normalerweise einem Teil der körpereigenen Zell-DNA entspricht. Es hilft innerhalb der Zellen und des Körpers bei der Proteinsynthese.

Der Covid-19-Impfstoff schleust fremdes Genmaterial, mRNA, in unser System ein. Nach einer Impfung mit einem Covid-19-Vakzin erschafft diese mRNA nicht wie normale mRNA menschliche Proteine, sondern es weist die Zellen an, ein Stück des sogenannten Spike-Proteins zu erschaffen, das sich auf dem Covid-19-Virus findet.

Laut Definition ist dieses Spike-Protein ein »Antigen« oder Fremdmaterial, deshalb setzt sich unser Körper dagegen zur Wehr, weil er es für eine Infektion hält. Dass T-Zellen erschaffen werden, die speziell mit Covid-19 im Zusammenhang stehen, soll das Immunsystem für künftigen Kontakt mit dem Virus wappnen. Ist die Immunreaktion vorüber, zerstört die Zelle die fremde mRNA mithilfe von Enzymen.

Klingt doch alles ziemlich harmlos, oder? Tatsächlich jedoch wissen wir nicht, ob und wie harmlos das Ganze ist. Wir haben es mit einer neuen Technologie zu tun, die in den Vereinigten Staaten noch nie zugelassen war, geschweige denn in großem Maßstab eingesetzt wurde. Die langfristigen Folgen sind unbekannt.

Zu den zahllosen Whistleblowern, die alles riskiert haben, um die Welt vor den möglichen Gefahren zu warnen, zählt auch Dr. Michael Yeadon, ehemaliger Vice President von Pfizer. In einer *Planet Lockdown*-Interviewreihe mit James Henry legt Yeadon dar:

> »Sie wurden Propaganda und Lügen ausgesetzt, von Leuten, die sehr gut darin geschult sind, wie sie es tun. Prüfen Sie gerne meine Aussagen nach, Sie werden feststellen, dass alles wahr ist. Und ich möchte Sie darauf hinweisen: Sollten Sie auf eine Sache stoßen, die Ihre Regierung Ihnen erzählt hat und die ganz offenkundig nicht stimmt, warum sollten Sie dann sonst etwas von dem, was man Ihnen gesagt hat, glauben?
>
> Wir sind wahrscheinlich daran gewöhnt, dass Politiker gelegentlich Notlügen erzählen und wir lassen ihnen das mehr oder weniger durchgehen. Aber wenn sie uns über etwas Technisches belügen, bei etwas, das Sie nachprüfen können, und sie tun es wiederholt über Monate hinweg ... bitte glauben Sie mir: Die sagen nicht die Wahrheit. Und wenn sie nicht die Wahrheit sagen, dann bedeutet das, dass dort etwas anderes im Gange ist.

Ich bin heute hier, um Ihnen zu sagen, dass etwas sehr, sehr Schlimmes passiert. Und wenn Sie nicht aufmerksam sind, werden Sie schon bald nicht mehr imstande sein, etwas dagegen zu unternehmen. Sagen Sie nicht, niemand habe Sie gewarnt.«[78]

Einer der maßgeblichen Erfinder der mRNA-Impftechnologie ist Dr. Robert Malone, der zu den weltweit führenden Experten für Impfstoffe, präklinische Forschung, Gentherapie, Bioverteidigung und Immunologie zählt. Als sich ein Fachmann wie Malone gegen die Covid-Protokolle aussprach, sorgte das für Schockwellen in der wissenschaftlichen Gemeinschaft.

»Ich will nicht alarmistisch klingen, aber was sich da entwickelt, scheint das Worst-Case-Szenario zu sein. In der Phase der Abschwächung der Impfstoffwirksamkeit scheint der Impfstoff das Virus dazu zu verleiten, sich effizienter zu replizieren, als es normalerweise der Fall wäre. Wir sprechen hier von infektionsverstärkenden Antikörpern. Was sind infektionsverstärke Antikörper? Kurz gesagt bedeutet es, dass der Impfstoff das Virus infektiöser macht, als es ohne eine Impfung der Fall gewesen wäre ... Das ist der schlimmste Albtraum der Impfärzte!

Ich habe einen Ausbruch nach dem anderen gesehen, aber etwas Derartiges habe ich noch nie erlebt. Das ist Verhaltenskontrolle. Das ist psychologische Kriegsführung, was da abläuft. Es sind angewandte Psychological Operations zur Kontrolle der Menschen und ihres Verhaltens mit der Absicht, dass sie diese Produkte akzeptieren, die weiterhin experimentell sind und mit einer Technologie arbeiten, die noch nie auf einer vergleichbaren Ebene zum Einsatz gekommen sind. Und je mehr Daten hereinkommen, desto deutlicher wird, dass diese Produkte nicht völlig sicher sind ...«

»Man wirft mir nun vor, ich sei Impfgegner und verbreite Falschinformationen, aber so, wie ich das sehe, vernebelt die Regierung,
was hier geschieht. Ich bin das Gegenteil eines Impfgegners, ich
bin ein wahrer Gläubiger. Aber ich bin auch der Sicherheit und guter
Wissenschaft verpflichtet.«[79]

Als ich im Januar 2021 mit ihm sprach, erklärte Dr. Martin mit
Nachdruck: »Ich habe das bereits mehrfach gesagt: Es handelt sich
nicht um einen Impfstoff. Es handelt sich um eine Gentherapie,
die man im Rahmen einer trügerischen medizinischen Praxis, wie
sie von der Federal Trade Commission definiert wird, vermarktet.
Es wird als Impfstoff ausgegeben, hat aber mit einer Impfung gemäß der rechtlichen Definition nicht das Geringste zu tun. Rechtlich betrachtet muss eine Impfung die Immunität stimulieren und
die Übertragung eines Krankheitserregers verhindern. Bei dieser
Gentherapie ist weder das eine noch das andere der Fall.«

Warum dann die Bezeichnung Impfstoff? Die Wortwahl sei auf-
schlussreich, sagte Dr. Martin: »Hören die Menschen, dass es sich
um eine Gentherapie oder eine Form von Chemotherapie handelt,
würden sie sich die Sache möglicherweise zweimal überlegen«,
sagte er. »Aber nennt man es Impfstoff und lässt die Menschen
glauben, es sei von Nutzen für die Allgemeinheit, dann handelt es
sich um die vorsätzliche Täuschung von Millionen Menschen.«

Unterdessen dauerten die Bemühungen an, die wahren Ursprünge
des Virus zu vertuschen. Bereits im Februar 2020 hatte die Weltgesundheitsorganisation erstmals über eine Agenda für Untersuchungen gesprochen. Im Juli teilte sie mit, man werde »gemeinsam mit der chinesischen Regierung ein internationales und
multidisziplinäres Team zusammenstellen, das eine Reihe von

Studien entwickeln, unterstützen und durchführen wird, die zur Rückverfolgung der Herkunft beitragen«.[80]

Natürlich stand China im Rampenlicht, denn es gab wenig Zweifel daran, dass die Pandemie dort ihren Anfang nahm, wobei Wuhan im Zentrum des Geschehens stand. Das verkomplizierte die Dinge. Chinas Kommunistische Partei gilt als argwöhnisch gegenüber Außenstehenden und steht im Ruf, ihre Version der Wahrheit mit allen zur Verfügung stehenden Mitteln zu verteidigen. Seit Beginn des Ausbruchs hatte man der Partei vorgeworfen, sie habe Lügen und Falschinformationen zu Covid-19 verbreitet. Die Partei habe das Ausmaß des Ausbruchs heruntergespielt und zu wenig über die Übertragbarkeit des Virus und die Art der Übertragung berichtet, hieß es. Kritiker warfen den Chinesen vor, an ihren Händen klebe Blut.

Verständlicherweise waren die Chinesen misstrauisch. Und verständlicherweise drängte die Weltgemeinschaft mit Nachdruck auf eine Untersuchung der Vorgänge. Im Herbst 2020 schien man zu einer Übereinkunft gekommen zu sein. Die WHO veröffentlichte einen detaillierten Plan, wie man in China und im Ausland den Ursprüngen von Covid-19 nachgehen wolle. Am 14. Januar 2021 begann das Ermittlungsteam in China mit seiner Arbeit. Die chinesische Regierung war jedoch fest entschlossen, von Anfang an die Erwartungen zu dämpfen. Die Ermittler würden lediglich einen »Meinungsaustausch« mit ihren chinesischen Kollegen führen und nicht etwa Beweise sammeln, legte Peking dar.

Chinesen und Weltgesundheitsorganisation ignorierten weiterhin die Möglichkeit, dass das Virus aus dem Virologischen Institut Wuhan entkommen sein könnte. Das US-Außenministerium vertrat dagegen aggressiv eine andere Meinung: »Die tödliche Besessenheit der KPCh von Geheimhaltung und Kontrolle geht zulasten der öffentlichen Gesundheit in China und auf der ganzen Welt«, heißt es in einem Bericht. »Die bisher unveröffentlichten Informationen in diesem Informationsschreiben sowie öffentlich zugängliche Quellen heben bei der Frage nach dem Ursprung von Covid-19 drei Elemente hervor, die einen genauere Untersuchung verdienen.«[81]

Als Erstes hob das Außenministerium »Krankheiten innerhalb des Virologischen Instituts Wuhan« hervor. Laut Informationsblatt seien im Herbst 2019, »noch vor dem ersten bekannten Fall des Ausbruchs«, mehrere Forscher des Instituts erkrankt und hätten Symptome aufgewiesen, »die sowohl zu Covid-19 als auch zu saisonal häufigen Erkrankungen passen«. Shi Zhengli, die Forschungsleiterin des Instituts, hatte zuvor erklärt, es habe im Vorfeld der Pandemie »keine Ansteckung« von Personal oder studentischen Aushilfen gegeben.

Eine solche versehentliche Infektion wäre kein Novum, rief das US-Außenministerium in Erinnerung. Tatsächlich gab es in chinesischen Labors in der Vergangenheit gleich mehrfach schlagzeilenträchtige Sicherheitslücken, die zu Infektionen führten, »darunter 2004 ein SARS-Ausbruch in Peking, bei dem neun Menschen angesteckt wurden und einer starb«, heißt es in dem Bericht.

Punkt zwei war noch wichtiger: Das Virologische Institut Wuhan hatte von 2016 bis ins Jahr 2020 hinein aktiv an Fledermaus-Coronaviren geforscht. Es wurde sogar eine Mitteilung veröffentlicht, wonach man die Art von »Gain-of-Function«-Forschung abgeschlossen hatte, die derartigen Viren helfen kann, auf den Menschen überzuspringen und ihn zu infizieren.

Der dritte Punkt war einer, über den die meisten Länder aus Furcht wohl lieber nicht allzu genau nachdenken mochten: Chinas Potenzial zur biologischen Kriegsführung. »Viele Jahre lang haben die Vereinigten Staaten öffentlich Bedenken geäußert, was Chinas frühere Arbeit an biologischen Waffen anbelangt, Arbeit, die China weder dokumentiert noch nachweisbar beendet hat, obwohl das Land gemäß der Biowaffenkonvention eindeutig dazu verpflichtet wäre«, heißt es im Bericht des Außenministeriums.

»Das Virologische Institut Wuhan präsentiert sich als zivile Einrichtung, trotzdem sind die Vereinigten Staaten zu der Auffassung gelangt, dass das Institut bei Veröffentlichungen und bei Geheimprojekten mit dem chinesischen Militär zusammengearbeitet hat. Das Virologische Institut Wuhan hat sich seit mindestens 2017 im Auftrag des chinesischen Militärs an geheimen Forschungsarbeiten beteiligt, einschließlich Tierversuchen.« Ein schwerer Vorwurf, den das Außenministerium da erhebt –, den die Behörde aber durch die Beweise gestützt sieht, die sie trotz der traditionellen chinesischen Bemühungen um Geheimhaltung zusammentragen konnte. Und dabei hatte das Ministerium nur an der Oberfläche gekratzt.

Der Bericht schloss mit dem Versprechen, von den Chinesen weiterhin Transparenz zu fordern, sowie mit einer Reihe weiterer Erklärungen.

»Die KPCh hat verhindert, dass unabhängige Journalisten, Ermittler und globale Gesundheitsbehörden Forscher am Virologischen Institut Wuhan befragen, darunter auch jene, die im Herbst 2019 erkrankt waren«, erklärte das amerikanische Außenministerium. »Teil jeder glaubwürdigen Untersuchung zum Ursprung des Virus müssen Befragungen dieser Wissenschaftler und eine vollständige Auflistung ihrer bisher nicht gemeldeten Erkrankungen sein.«

Und weiter: »Die WHO-Ermittler müssen Zugang zu den Unterlagen am Virologischen Institut Wuhan erhalten, die sich mit den Arbeiten an Fledermaus- und sonstigen Coronaviren vor dem Covid-19-Ausbruch befassen. Im Rahmen einer gründlichen Untersuchung muss man den Ermittlern erschöpfend darlegen, warum das Virologische Institut Wuhan Online-Dokumente zu seiner Arbeit mit RaTG13 und anderen Viren zunächst veränderte und dann völlig entfernte.«

Und schließlich: »Die Vereinigten Staaten und andere Geldgeber, die zivile Forschung am Virologischen Institut Wuhan finanzierten oder in anderer Form daran mitgearbeitet haben, haben das Recht und die Pflicht festzustellen, ob von unseren Forschungsmitteln Teile in Geheimprojekte des chinesischen Militärs am Virologischen Institut Wuhan umgeleitet wurden.«

Der Bericht des Außenministeriums schloss mit einem Versprechen: »Während die Welt weiter gegen diese Pandemie kämpft – und die Ermittler der WHO nach über einem Jahr der Verzögerung ihre Arbeit aufnehmen –, liegen die Ursprünge des Virus weiterhin im Dunkeln. Die Vereinigten Staaten werden weiterhin alles in ihrer Macht Stehende unternehmen, eine glaubhafte und gründliche Untersuchung zu unterstützen. Dazu zählt auch, weiterhin von den chinesischen Behörden Transparenz einzufordern.«

Keine Woche nach der Veröffentlichung verschwand der Bericht von der Webseite des amerikanischen Außenministeriums. Offensichtlich sind die Chinesen nicht die einzigen mit einem Hang zu

etwas, was sich freundlich als »Informationsmanagement« um-
schreiben ließe.

Um durch die Beendigung der Pandemie Menschenleben zu retten
und um unsere Demokratie zu wahren, brauche es Transparenz
und den Austausch von Informationen, sagte Dr. Martin. »Ich muss
dafür sorgen, dass veröffentlichte und zugängliche Informationen
in den Blick der Öffentlichkeit geraten«, sagte er im Januar 2021.

»Was ich da tue, wird als großer Dienst an der Öffentlichkeit betrachtet. In Wahrheit ist es jedoch kein besonderer Dienst an der
Öffentlichkeit. Es ist das, was zur Rechenschaftspflicht eines Bür-
gers gehören sollte. Wir sollten auf derartige Dinge achten. Einer
der Punkte, den ich wiederholt betont habe, ist: Wir leben in einem
Zeitalter, in dem wir die Verpflichtungen aufgegeben haben, die mit
dem Leben in einer demokratischen Gesellschaft einhergehen.«

»Anstatt Quelldokumente zu lesen, checken wir die sozialen
Medien. Menschen zu ›folgen‹ hat dazu geführt, dass wir unseren eigenen Intellekt ebenso am Eingang abgeben wie unsere
Fähigkeit, einer Sache auf den Grund zu gehen. Wir nehmen an,
dass jemand oder etwas anderes über Insiderwissen verfügt, und
vertrauen darauf.«

»Meine ganze Leidenschaft … und das, was mich überhaupt dazu
gebracht hat, mich für *Plandemic* zu engagieren … dreht sich
darum, der Öffentlichkeit klarzumachen, dass ihre Fähigkeit, einer Sache auf den Grund zu gehen, ein Muskel ist, der trainiert
werden muss«, so Dr. Martin weiter.

»Spanien ist insofern einzigartig, als dort in der Verfassung steht,
dass Alphabetisierung, also die Fähigkeit zu lesen und zu schrei-

ben, Voraussetzung für eine Demokratie darstellt. Damit ist nicht die Fähigkeit gemeint, einen Twitter-Feed lesen zu können, sondern eine eigenständige Frage zu formulieren, eine eigenständige Theorie aufzustellen und loszuziehen, um die Informationen zu finden, mit deren Hilfe sich die Theorie überprüfen lässt.« Er schloss: »Unsere Demokratie wird nur dann überleben, wenn wir diese Art von Bildung kultivieren.«

Ich habe Dr. Mikovits um ein Schlusswort gebeten. Sie hatte Folgendes zu sagen:

> »Im September 2018 hielt ich in Phoenix einen Vortrag. Am Schluss fragte man mich: ›Judy, gibt es noch etwas, was Sie sagen möchten?‹ Ich blickte in die schmerzerfüllten Gesichter der Mütter und Väter im Publikum, wie sie da mit ihren geschädigten Kindern saßen.
>
> Ich sagte: ›Ich war Teil des Problems. Ich war Teil des Systems, das dafür verantwortlich ist, Millionen Unschuldigen wehgetan zu haben. Unschuldigen Kindern.‹ Und ich habe den Preis dafür bezahlt. Ja, man hat mich zur Zielscheibe gemacht und mich terrorisiert, weil ich mich geweigert habe, auf der dunklen Seite zu spielen. Ja, man hat mir mein Haus und meine Ersparnisse genommen. Ja, mein Name und mein Ruf sind ruiniert. Und ja, dies war das beste Jahrzehnt meines Lebens!
>
> Ich dachte, ich gehöre in irgendein Labor weggesperrt. Ich war ein Wissenschaftsfreak. Niemals hätte ich gedacht, dass ich eines Tages meinen Lebensunterhalt damit verdienen würde, Reden zu halten. Dass meine Geschichte meine Medizin sein würde.
>
> Wenn Sie einfach aufstehen und voller Liebe die Wahrheit verkünden, wird man das würdigen. Ich bin auf so viele Arten gewürdigt

worden, dass ich gar nicht weiß, wo ich anfangen soll. Wir können diese Sache gewinnen. Ich bin der lebende Beweis dafür. Mut ist ansteckend.

Sie sind ein Arzt, dem gerade bewusst wird, dass er seinen Eid, keinen Schaden anzurichten, gebrochen hat, oder Sie sind Mutter oder Vater eines Kindes, das als Folge Ihrer Führung durch Impf-stoffe Schaden genommen hat? Die beste Entscheidung, die Sie in diesem Moment treffen können, ist, sich den Fehler einzugestehen und sich selbst zu verzeihen, so schmerzhaft es auch sein mag.

Sie haben auf die Stimme der Wissenschaft gehört. Sie haben alles getan, was man Sie gelehrt hat und was man Ihnen aufgetragen hat. Übernehmen Sie Verantwortung, aber lösen Sie sich von der Scham. Die gehört jemand anderem. Vergeben Sie sich so, wie ich mir vergeben habe.«

Epilog

>*»If we surrendered*
to earth's intelligence
we could rise up rooted,
like trees.«

Rainer Maria Rilke*

---

* Anm. d. Verlags: Dieses Zitat entstammt dem Rilke-Gedicht
»Wenn etwas mir vom Fenster fällt« und lautet im dt. Original
»Nur wir, in unsrer Hoffahrt, drängen aus einigen Zusammenhängen
in einer Freiheit leeren Raum, statt, klugen Kräften hingegeben,
uns aufzuheben wie ein Baum.«

In den Monaten, in denen ich an diesem Buch gearbeitet habe, rückte der Traum von einem friedlichen, vereinten Land immer weiter in die Ferne. Anders als erhofft (und ich sage das als Wählerin, die ihre Stimme für Joe Biden abgegeben hat), trug das Ende der Präsidentschaft von Donald Trump nur wenig dazu bei, die in unserem Land grassierende Spaltung zu überbrücken. Wenn überhaupt, verschlimmerten die Ergebnisse der Wahl von 2020 die Situation nur noch weiter.

Während auf der Seite der Republikaner viele die Gültigkeit des Ergebnisses hinterfragten, betrachteten Trump-Anhänger die für den 6. Januar 2021 angesetzten Auszählung der Stimmen im Kongress als letzte Gelegenheit, Trump doch noch zum Weiterregieren zu verhelfen. Tausende Anhänger versammelten sich an jenem Tag in Washington, um ihrer Stimme Gehör zu verschaffen.

Oberflächlich betrachtet sollte die Veranstaltung den Willen des Volkes demonstrieren, ein letztes Aufbäumen der »Make-America-Great-Again«-Fraktion. Wie so viele andere verfolgte ich die Ereignisse verstört. Schockiert hat mich auch, Mikki inmitten der Geschehnisse zu sehen.

Die *New York Times* veröffentlichte eine Aufnahme von Mikki mitten im Getümmel und behauptete, er habe sich »des Sturms auf das Kapitol angeschlossen«. Weiter bezeichnete die Zeitung ihn als »Videoproduzent, der ein beliebtes Video voller Unwahrheiten über das Coronavirus produziert hat«. Da ich wusste, dass zumindest dieser Teil der Darstellung unzutreffend war, wollte ich nun auch die wahren Gründe dafür erfahren, warum Mikki an einem derart schrecklichen Vorfall beteiligt gewesen war. Ich wollte zumindest die Unschuldsvermutung gelten lassen und ihn bitten, sich zu erklären.

Ich war dabei, meine Arbeit an diesem Buch abzuschließen, als Mikki mich anrief. Dass man ihn als Aufständischen bezeichnete, hatte ihn zwar letztlich nicht überrascht, aber es machte ihn nachdenklich. Insofern war er erleichtert und frohen Mutes, dass er zum ersten Mal mitteilen konnte, was wirklich geschehen war und warum er an diesem Tag dort gewesen war.

»Man hatte mich eingeladen, bei einer Veranstaltung namens Health Freedom zu sprechen«, begann Mikki. Weil er ohnehin in Washington sein wollte, um Interviews für ein Projekt über die Folgen pandemischer Lockdowns aufzuzeichnen, passte Mikki die Einladung sehr gut. Die Veranstalter ließen ihm einen Flyer mit Informationen über die geplanten Redner zukommen, und weil es ihn beeindruckte, dass darunter auch mehrere von ihm geschätzte Ärzte und Gesundheitsexperten waren, nahm Mikki die Einladung an.

Am Tag vor seiner Abreise erhielt Mikki einen aktualisierten Flyer mit dem geplanten Ablauf. Zu seiner Überraschung hatte man nach ganz oben das Akronym »MAGA« (»Make America Great Again«) gestellt. Nicht nur das – mit Roger Stone war auch ein ehemaliger Berater Präsident Trumps als neuer Redner dabei. Mikki wusste nur sehr wenig über Roger Stone, aber er wusste genug, um zu begreifen, dass dessen Anwesenheit und das »MAGA«-Label Mikki möglicherweise in seiner Fähigkeit beeinträchtigen könnte, Brücken zwischen den Parteien zu bauen.

»Ich bin links geboren und erzogen, deshalb kann ich eine Verbindung zu Menschen aufbauen, die sich als Liberale bezeichnen, aber Schwierigkeiten damit haben, sich auf viele der neuen Ideologien ihrer Partei einzulassen«, sagte mir Mikki. »Als jemand, der sich sehr für Familie und Freiheit einsetzt, fühle ich mich auch vielen

Menschen verbunden, die sich als konservativ bezeichnen. Es gibt nicht die eine Schublade für mich. Was das angeht, bin ich eine politische Waise. Und ich weiß, ich bin kein Einzelfall.«

Weil ihm die kurzfristigen Änderungen nicht behagten, rief Mikki die Veranstalter an und äußerte seine Bedenken. »Ich hatte bei einer anderen Veranstaltung von Health Freedom gesprochen und wusste, die Veranstalter waren gute Leute«, sagte Mikki. Man erklärte ihm, »MAGA« sei hinzugefügt worden, um die Teilnehmer des »MAGA«-Marsches auf die Health-Freedom-Veranstaltung aufmerksam zu machen und sie zur Teilnahme zu bewegen. Mikki äußerte anschließend seine Besorgnis, was die Anwesenheit von Roger Stone in einem derart heiklen Augenblick anging. Das könne den Rednern, die einzig wegen einer so allgemein wichtigen Sache wie Health Freedom gekommen waren, Probleme bereiten, so seine Meinung.

Nicht nur Mikki meldete sich zu Wort. Auch sein guter Freund Del Bigtree, Gastgeber der beliebten Onlineshow *The Highwire*, die sich mit Impfstoffen befasst, war besorgt. Mikki erklärte den Veranstaltern: »Ich habe gerade mit Del gesprochen und auch ihm ist angesichts dieser Veränderungen in letzter Minute alles andere als wohl.«

Die Veranstalter versprachen umgehend, sie würden das Verteilen der »MAGA«-Flyer stoppen, und sie versicherten Mikki, das Branding auf der Bühne würde sich ausschließlich auf Health Freedom beziehen. Aus anderer Quelle erfuhr Mikki, dass Roger Stone an der Veranstaltung gar nicht teilnehmen würde. Unter dieser Umständen, und weil die Flüge und die Hotelzimmer bereits bezahlt waren, beschlossen Mikki und Del, die Sache durchzuziehen.

Mikki erinnerte sich an die Ereignisse:

»Die Medien haben der Welt ein wichtiges Detail vorenthalten: Nicht jeder, der am 6. Januar nach Washington gereist ist, tat das wegen der Stop-the-Steal-Anstrengungen. Viele waren dort, um friedlich gegen die verlängerten Lockdowns, gegen Impfzwang und gegen den Verlust von Bürgerrechten zu protestieren. Aus diesem Grund war ich da. Aus keinem anderen. Deswegen war ich nicht bei der Versammlung und nicht beim Marsch dabei.

Während ich mich an jenem Morgen im Hotelzimmer auf meine Rede vorbereitete, schickte ich mein Team, die Videofilmer Keresey und Sarah, los, um Interviews mit Menschen zu führen, die sie dort nicht erwartet hätten. Ich wollte hören, was Einwanderer zu sagen hatten. Ich wollte hören, was People of Color zu sagen hatten. Ich wusste, die Medien würden sich ausschließlich auf schlechte Nachrichten und schlechte Menschen konzentrieren, deshalb wollte ich erbauliche Geschichten von guten Menschen einfangen, insbesondere von solchen, die nach Amerika eingewandert waren.

Mein Ziel war ein Kurzfilm, der die amerikanische Bevölkerung daran erinnern würde, wie glücklich wir uns schätzen können, in einem so vielfältigen und fortschrittlichen Land zu leben. Gegen Mittag machte ich mich auf den Weg zur Bühne. Sarah und Keresey warteten bereits mit laufenden Kameras.

Ich unterhielt mich hinter der Bühne, als mir jemand ins Ohr flüsterte: ›Sie stürmen das Kapitol.‹ Die Bühne war nur einige Straßenzüge vom Kapitol entfernt. Ich sagte Keresey und Sarah, sie sollten sich auf den Weg dorthin machen und nachsehen, ob das Gerücht stimmte. Sie stürzten los. Etwa 30 Minuten später hörte ich in einiger Entfernung Sirenen. Ich versuchte, Keresey und Sarah über

Funk zu erreichen, aber sie antworteten nicht. Das Sirenengeheul wurde intensiver. Ich machte mir Sorgen. Ich fragte bei den Veranstaltern nach, ob sie meine Rede auf einen späteren Zeitpunkt verschieben könnten, damit ich nach meinem Team sehen konnte. Ich joggte zum Kapitol und erwartete, dort das reinste Chaos vorzufinden.

Da ich nie zuvor beim Kapitol gewesen war, war mir nicht klar, dass ich mich auf der Rückseite befand. Das von mir erwartete Chaos hatte sich bereits auf der Vorderseite zugetragen. Auf der Rückseite sahen die Dinge völlig anders aus. Alle lächelten, schwenkten Flaggen und machten Selfies. Da waren Familien mit Babys auf den Schultern oder in Kinderwagen. Die Menschenmenge war viel bunter, als selbst ich es erwartet hatte. Erneut versuchte ich, mein Team über Funk zu erreichen, aber ich erhielt keine Antwort.

Die Polizei hielt die Menge hinter Barrikaden zurück, nicht weit von der Treppe entfernt, die zu den Hintereingängen des Kapitols führt. Polizei und Bürger kommunizierten an der Frontlinie. Ich ging näher heran, um zu hören, was sie sagten. Einige Leute sprachen freundlich mit den Gesetzeshütern und sagten Dinge wie: ›Die Lockdowns bringen uns um ... Wir werden unser Familienunternehmen verlieren. Ich kann meine Kinder nicht ernähren. Wir sind nicht euer Feind.‹

Ein Typ wiederholte die ganze Zeit: ›Wir lieben euch. Wir lieben euch. Wir empfinden nichts als Liebe für euch.‹ Ein anderer Mann erklärte voller Leidenschaft, aber ruhig: ›Warum werden wir hier festgehalten, während alle anderen Protestgruppen auf den Stufen des Kapitols stehen dürfen, wo man ihre Stimme hört? Das ist doch nicht richtig. Wir zahlen unsere Steuern. Auch wir verdienen Respekt.‹

Und plötzlich, als hätte sie über Funk den Befehl dazu erhalten, öffnete die Polizei auf einen Schlag die Absperrungen und ließ die Menge auf die Stufen. Mich rührte das sehr. Mit anzusehen, wie die Menschen ihre Stimme derart bewusst einsetzen und es zu einem friedlichen und positiven Ergebnis führt, war inspirierend. Und gerade als ich auf die Stufen trat, klingelte mein Handy. Es war einer der Produzenten der Veranstaltung – ich solle rasch zurückkehren, da ich als Nächster dran sei.

Ich eilte zurück, gerade rechtzeitig für meine Rede. Ich war noch immer bewegt von dem, was ich miterlebt hatte, also begann ich meine Rede mit: ›Ich bin etwas außer Atem, denn ich war gerade Teil dieser Ereignisse. Unsere stolzen Patrioten drängten gerade an der Bereitschaftspolizei vorbei, friedlich, so friedlich wie es nur ging.‹ Rückblickend bedauere ich, das Wort ›drängen‹ verwendet zu haben. Ich möchte betonen, ich habe keinerlei körperliches Drängen in irgendeiner Form gesehen. Das andere Wort, das ich verwendete und für Kontroversen sorgte, war ›Patrioten‹. Ich bedauere es nicht, dieses Wort verwendet zu haben. Patrioten sind schlicht Bürger, die ihr Land lieben. Ich liebe mein Land und ich werde nicht zulassen, dass mir das jemand kaputt macht.

Ich habe die Welt bereist und ich habe das Beste und das Schlimmste gesehen, das diese Welt zu bieten hat. Es stimmt, Amerikas Vergangenheit ist furchtbar und viele Themen bedürfen noch immer unserer unmittelbaren Aufmerksamkeit. Aber glaubt wirklich irgendwer, wir könnten mit Scham und Hass unsere aktuellen Probleme lösen? Genau diese Energien haben uns an diesen Punkt geführt. Das einzusehen, ist der erste Schritt bei der Heilung der Wunden unserer Vergangenheit.

Während ich auf der Bühne stand, wurde der Klang der Sirenen in der Entfernung sogar noch lauter. Ich konnte mich kaum auf meine Rede konzentrieren. Gleich nachdem ich fertig war, jagte ich davon und kehrte an die Rückseite des Kapitols zurück. Was habe ich mich gefreut zu sehen, dass dort immer noch gute Stimmung herrschte.

Ich fragte eine ältere asiatische Frau, was los war, und sie sagte mit einem breiten Grinsen: ›Sie lassen die Menschen jetzt herein.‹ Ich bedankte mich bei ihr und ging dann zur Treppe. Auf halber Höhe blieb ich stehen und suchte von diesem Aussichtspunkt aus die Menschenmenge ab. Keine Spur von Keresey und Sarah.

Ein letzter Versuch per Funk. Noch immer keine Antwort. Ich ging auf die Hintertür des Kapitols zu und tatsächlich: Die Polizei ließ Menschen hinein und hinaus. An diesem Ort war die Stimmung gemischter. Die Leute lachten, die Leute schauten sorgenvoll. Eine ältere Frau weinte.

Wie zuvor kommunizierte die Polizei mit Leuten an vorderster Front. Ich ging näher heran, um zu hören, was gesprochen wurde. Da fiel mir auf, dass die Scheiben in den Türen geborsten waren. Dies war der erste Hinweis darauf, dass ein gewisses Maß an Gewalt angewendet worden war.

Die Verhandlungen an diesem Ort waren eine Mischung aus friedlich und aufrührerisch. Der Typ von weiter unten war auch da und wiederholte noch immer: ›Wir lieben euch. Wir lieben euch.‹ Ein anderer Kerl weiter hinten rief: ›Die Zeit ist rum! Verschwindet!‹ Es war nicht klar, ob er mit der Polizei sprach oder mit der mäandernden Menge, die andere davon abhielt, das Gebäude zu betreten. So sehr ich auch herausfinden wollte, ob mein Team dort drin war, riet mir mein Bauchgefühl doch, es unter diesen Umständen bleiben zu lassen. Ich begann, den Moment mit meinem Mobiltelefon zu filmen.

Hinten begannen zwei Leute, die Menge zu schubsen. Ich rief laut: ›Hey, hey, hey, hey, whoa, hört auf mit dem Mist! Nein, nein, nein, nein!‹ Sie hörten auf. Und gerade als sich die Dinge beruhigten, begann die Menge, etwas zu skandieren. Im selben Augenblick empfing ich Funkverkehr auf meinem Kopfhörer, sodass ich nicht hören konnte, was gerufen wurde. Erst später wurde mir klar, dass sie ›Hängt Mike Pence‹ riefen.

Zum Glück war die ganze Zeit eine Kamera auf mich gerichtet. Sie liefert den Beweis, dass ich mich nicht an diesen Rufen beteiligt habe. Als erfahrener Aktivist habe ich gesehen, was funktioniert und was nicht. Derartige Gesänge oder sonst eine Form von Radikalismus sind bestenfalls kontraproduktiv.

Und wieder begannen die beiden Typen, die Menge von hinten zu schieben. Dieses Mal reagierte die Polizei mit Pfefferspray. Ich bekam es in die Augen und den Mund. Da ich nichts sehen konnte, ertastete ich mir meinen Weg aus der Menge heraus und setzte mich auf die Stufen. Freundliche Menschen halfen mir, meine Augen auszuwaschen.

Nachdem ich wieder sehen konnte, stand ich auf, um einen Eintrag für das Videotagebuch zu machen. Ich habe gelernt, so etwas in derartigen Situationen zu machen. Sind wir in derart chaotische Ereignisse verwickelt, fällt es uns häufig schwer, uns an den genauen Ablauf von Ereignissen zu erinnern. Das erschwert die Aufgabe, den korrekten zeitlichen Ablauf zu rekonstruieren.

Während ich das Video aufnahm, fiel mir ein Mann mit einer Video-kamera auf, der mich heimlich filmte. Er schien mir kein Profi zu sein, also dachte ich nicht weiter darüber nach. Wie sich heraus-stellte, handelte es sich um einen Videofilmer der *New York Times*, der den Auftrag hatte, mich zu beobachten.

Er filmte mich, während ich den Eintrag für das Videotagebuch er-stellte. Das wurde letztlich aus dem Zusammenhang gerissen und so hingestellt, als hätte ich die Gewalt befürwortet. Ich bekam da-von erst einige Tage später etwas mit.

Ich war immer noch auf den Stufen und erholte mich von dem Pfef-ferspray, als mein Telefon klingelte. Es waren Sarah und Keresey. Sie waren in Sicherheit und warteten bei der Bühne auf mich. Er-leichtert eilte ich zu den beiden und gemeinsam kehrten wir ins Hotel zurück. Das Foyer war voller Menschen, die Stimmung war sehr emotionsgeladen. Zu diesem Zeitpunkt erfuhren wir erstmals von der Gewalt, die sich an der Vorderseite des Kapitols zugetragen hatte, und dass eine Frau getötet worden war. Wie alle anderen in der Lobby waren auch wir am Boden zerstört.

Wir kehrten am nächsten Tag nach Hause zurück und begannen sofort damit, unser Material zu schneiden. Erst am 8. Januar wur-de ich darauf aufmerksam, dass gewisse Medien sich ein Narrativ zusammenschusterten, das darauf abzielte, meinen Namen wei-ter durch den Dreck zu ziehen. Das passiert, wenn man es wagt, Propaganda-Imperien öffentlich anzuprangern.

Als erfahrener Medienproduzent kenne ich diese Spielchen, inso-fern bin ich nie überrascht, wie tief sie für einige Klicks, Quoten und politischen Einfluss zu sinken bereit sind. Mit *Plandemic: Indoctor-nation* habe ich den Vorhang zurückgezogen, um ihr schmutziges und spalterisches Spiel aufzudecken. Der 6. Januar war ihr Versuch, es mir heimzuzahlen.«

Die *New York Times* kontaktierte Mikki wegen eines Interviews über die Rolle, die er an diesem Tag gespielt hatte. Weil er den Absichten der Zeitung misstraute, willigte Mikki nur in ein schriftliches Interview ein – und dennoch gelang es der *New York Times*, den Inhalt verzerrt wiederzugeben. Hier ein Auszug aus dem Schriftwechsel:

> *NYT*: Waren Sie innerhalb des Kapitols? Können Sie beschreiben, was Sie dort getan haben?

> MIKKI: Nein, ich war NICHT im Gebäude, auch wenn ich hätte hineingehen können. Die Polizei ließ durch unterschiedliche Türen große Menschengruppen hinein.

> Das sollte eigentlich klar und unmissverständlich sein, aber dennoch schrieb die *New York Times* am 12. Januar 2021: »Mr. Willis betrat das Kapitol, erklärte in einem Facebook-Beitrag allerdings, er sei nicht weit hineingegangen und habe das Gebäude auch rasch wieder verlassen.«[82]

Mikki sagte mir: »Dergleichen habe ich niemals in einem Facebook-Beitrag geäußert. Das US-Kapitol gehört zu den am stärksten bewachten Gebäuden des ganzen Landes. Wäre ich hineingegangen, gäbe es hiervon Kameraaufnahmen. Diese unverfrorene Lüge hat meine Freiheit und mein Leben in Gefahr gebracht.«

Und weiter: »Unaufrichtigen Medien wie der *New York Times* ist es egal, ob ihre Lügen offensichtlich sind. Sie wissen, dass die große Mehrheit der Leserschaft alles glauben wird, was sie drucken, ohne nachzufragen. Selbst wenn die Wahrheit später das genaue Gegenteil offenbart, halten die meisten Menschen an ihrer ursprünglichen Einschätzung fest. Dieser eine unlautere Beitrag löste eine Lawine von Angriffen auf mich aus.«

> »Onlinetrolle schnappten sich Fotos, die mich in dem Moment zeigen, als die Menge ›Hängt Mike Pence‹ rief, und schrieben in die Bildunterschrift: »Das ist Mikki Willis, Schöpfer von *Plandemic*, und Inlandsterrorist«, erzählte Mikki. »In einem anderen Meme wurde behauptet, ich sei der Vorsänger bei diesen Rufen. Das puschte den ohnehin bereits hysterischen Mob noch weiter auf. Und damit nicht genug. Ein zwielichtiger Social-Media-Kanal schnitt das Video meiner Rede vom 6. Januar um und ließ dabei passenderweise den Teil weg, wo ich beide politischen Parteien gleichermaßen kritisiere. So wurde der Anschein erweckt, ich würde ausschließlich die Linke kritisieren.«

Er fügte hinzu: »Das sind einige wenige der Worte, die aus diesem Clip herausgeschnitten wurden: ›Das ist weit mehr als eine parteipolitische Frage und darüber möchte ich heute mit Ihnen sprechen – über die Notwendigkeit, über die Gedankenkontrolle hinauszublicken, die dafür sorgt, dass wir noch immer an diesen Schwachsinn von Links/Rechts/Blau/Rot glauben.‹«

Nachdem er einmal tief durchgeatmet hatte, lehnte sich Mikki zurück und äußerte seine Gedanken zu den Nachwirkungen:

»Die Angriffe haben mich manchmal schwer belastet, aber ich bin nicht wütend. Jedenfalls nicht auf die Menschen. Bestimmte Medien haben sich meine Geringschätzung verdient, aber was die Öffentlichkeit angeht, hege ich keinen Groll. Es ist auf gewisse Weise seltsam, aber diese Schläge einzustecken, hat mich auch stärker gemacht und dafür gesorgt, dass ich zuversichtlicher in unsere Zukunft blicke.

Wenn die Hasser auf mich losgehen, versuche ich mich daran zu erinnern, dass der Kern ihrer Wut der Ur-Impuls zu leben ist. Wenn *Plandemic* so gefährlich war, wie es die Kritiker behaupteten, dann haben die Menschen genau so reagiert, wie sie reagieren sollten.

Wenn ich also sehe, wie der mit Mistgabeln bewaffnete Mob auf mich zuwalzt, werde ich aufgeregt. Ich werde aufgeregt, weil ich sehen möchte, wie Menschen sich für die Ehre des Lebens erheben. Ich will sehen, wie die Massen ihre gewaltige Macht dafür einsetzen, für das Leben ihrer Liebsten einzustehen. Ich bin aufgeregt, weil ich weiß, dass es nur eine Frage der Zeit ist, bevor die Wahrheit den Siedepunkt erreicht und die Menschen ihre Macht auf diejenigen umleiten, die in Wahrheit gefährlich sind.

Ja, es gibt gefährliche Menschen unter uns. Ihre Zahl mag gering sein, aber im Laufe der Generationen haben sie gewaltige Macht über unser Leben erlangt. Durch endlose Fusionen und Übernahmen besitzen und kontrollieren sie heute die große Mehrheit der Medien, der Unterhaltungsindustrie, der Medizinbranche, von Big Tech, dem Bildungswesen, unserer Lebensmittelversorgung, unserer Energiesystem, des Sports, der Politik und so vieles mehr.

Es ist wichtig, dass wir uns dessen bewusst sind, aber nicht erlauben, dass die Angst uns verzehrt. Als sich für mich vor einigen

Jahren der Vorhang hob, durchlief ich einen Prozess, der sich nur mit den ›fünf Phasen der Trauer‹ vergleichen lässt. Weil ich Menschen verloren hatte, die mir lieb und teuer waren, kannte ich mich damit aus.

Diese Phasen wurden ursprünglich von der Schweizer Psychiaterin Elisabeth Kübler-Ross beschrieben und es handelt sich um: Leugnen. Wut. Verhandeln. Depression. Und schließlich Akzeptanz. Meiner Erfahrung nach laufen sie nicht immer in dieser Reihenfolge ab, aber auf irgendeiner Ebene verspürt jeder auf seine eigene Weise all diese Emotionen, während er tiefe Trauer verarbeitet.

Derzeit gibt es sehr viel zu betrauern. Unsere Realität wurde in tausend Stücke zerschlagen. Unsere Welt wurde auf den Kopf gestellt. Oben ist unten. Gut ist schlecht. Hell ist dunkel. Viele Menschen, die wir für Helden gehalten haben, erweisen sich als Bösewichte. Es ist nie leicht aufzuwachen.

Die gute Nachricht: Wir wachen auf. Der menschliche Organismus erwacht wie nie zuvor. Wir haben über Generationen hinweg geschlafen. Es kann einen Augenblick dauern, bis wir aufstehen können, aber wenn es soweit ist, werden wir eine neue, höhere Position einnehmen und können weiter sehen als jemals zuvor.

Ich weiß das, weil ich als Geschichtenerzähler die Geschichte der menschlichen Mythologien studiert habe. Aus den Erzählungen, die wir seit Tausenden Jahren teilen, können wir sehr viel lernen. Genau genommen aus *der Erzählung*. Eine Geschichte, unzählige Abwandlungen. Sei es ein Klassiker wie *Der Zauberer von Oz* oder das neueste Marvel-Abenteuer, die Moral der Geschichte ändert sich nicht: ›Folge dem gelben Ziegelsteinweg (sprich, deiner Intuition). Du bist es, auf den es ankommt. Die Kraft liegt in dir.‹

Wie kann es sein, dass unsere bekanntesten Allegorien uns stets daran erinnern, dass unser Heil in uns selbst liegt? Ist es denkbar, dass unsere klugen Vorfahren wussten, dass der Tag kommen wird, an dem die Menschheit sich von ihrer eigenen Natur abspaltet? Wenn Sie mich fragen, ist das eine unserer tiefsten kollektiven Verletzungen. Wenn man jedem faulen Apfel auf den Grund geht, wird man feststellen, dass es eine Agenda gibt, die uns immer weiter von der lebenserhaltenden Großartigkeit der Natur fortführen soll, von dem, was manche möglicherweise Gott nennen.

Vergessen Sie nicht: Vor John D. Rockefeller verfügten wir nur über eine einzige Apotheke – Mutter Natur. Er wusste, indem er die Verbindung zwischen uns und unserem Planeten unterbricht, könnte er sich einen lebenslangen Kundenstamm schaffen. Rockefeller gebar einen toxischen Trend, der bis heute anhält.

Eine der am häufigsten gestellten Fragen im Zusammenhang mit Covid lautet: ›Warum sollten die ihre eigene Wirtschaft zerstören, Arbeitsplätze und Kleinunternehmer vernichten?‹ Die kurze Antwort lautet: Abhängigkeit. Es dreht sich alles um Abhängigkeit. Sollten wir es zulassen, werden die meisten Bürger und Bürgerinnen schon bald von monatlicher Unterstützung abhängig sein. Und wenn Sie dann etwas sagen, das Ihrer Regierung nicht passt, dann werden Sie und Ihre Familie den ganzen Monat über nichts mehr essen.

Auf diese Weise übernimmt eine Mikrominderheit die vollständige Kontrolle über eine Makromehrheit. Je mehr wir erlauben, dass sich die Zentralregierung ›um uns kümmert‹, desto mehr büßen wir unsere Bürgerrechte und Souveränität ein. Schon jetzt haben wir einen Punkt erreicht, an dem es gefährlich ist, allein nur darüber zu reden.

Noch beunruhigender als die Tatsache, dass unser Recht auf freie Meinungsäußerung angegriffen wird, ist die Tatsache, dass unsere Sprache in eine Waffe verwandelt wird. Gott, Freiheit, Unabhängigkeit, Liebe, Ehe, Patriot, Mann, Frau, Vater, Mutter, Amerika ... das sind nur einige der Worte, die derzeit auf dem Scheiterhaufen verbrannt werden. Der Grund liegt auf der Hand – das sind die Dinge, für die es sich zu kämpfen lohnt. Nehmen Sie diese Eckpfeiler des Lebens fort und unsere Welt bricht in sich zusammen.

Und das wollen sie. Totale Zerstörung. Im Anschluss heißt es wie im Slogan ›Build Back Better‹, die Dinge besser wiederaufbauen. Auf jemanden, der nicht Bescheid weiß, mag das verlockend klingen, aber in Wirklichkeit ist ihr Ziel der Aufbau einer Weltregierung, die alles besitzt und alles kontrolliert – auch Sie.

Wie es Klaus Schwab, der regierende ›Führer‹ des Weltwirtschaftsforums, formuliert: ›Sie werden nichts besitzen und Sie werden glücklich sein.‹ Die eine Hälfte dieser Aussage ist absolut richtig. Wer der Meinung ist, ›zu den Guten zu gehören‹, der wird hoffen, dass man ihn verschont und einlädt, gemeinsam mit den Auserwählten in ihrem funkelnden neuen Utopia zu leben. Die Geschichte zeigt, dass ›nützlichen Idioten‹, wie sie der sowjetische Diktator Wladimir Lenin nannte, ein weitaus düstereres Schicksal bevorsteht.

Das mörderische Ende der römischen Senatoren, die Auslöschung des Templerordens durch König Philipp IV., Hitlers ›Braunhemden‹ und die teuflische Art und Weise, in der Hugo Chàvez genau die Kräfte eliminiert hat, die ihn an die Macht brachten, weisen allesamt ein Muster auf: Diejenigen, die eine Tyrannei ermöglichen, kommen exakt durch die Schwerter ums Leben, die sie auf Anraten ihrer sozialistischen Anführer geschärft haben.

Alle Bürger und Bürgerinnen, in den USA und in anderen Ländern, müssen schnell erkennen, dass all diese neuen politischen Maßnahmen, die unter dem Deckmantel der öffentlichen Sicherheit durchgeboxt werden und die Freiheit reduzieren, letztlich dazu dienen werden, die vollständige Kontrolle über alle Menschen zu rechtfertigen.

Nur wenn sie das Volk gegeneinander aufhetzen, können Politiker eine Mehrheit so stark manipulieren, dass sie gegen ihre eigenen Freiheiten stimmt. Jubelt ›die Linke‹, weil ›die Rechte‹ zensiert wird (oder genau andersherum), dann lädt sie unbewusst dazu ein, auf dieselbe Weise bestraft zu werden. Bei politischen Übernahmen, wie wir sie derzeit erleben, gibt es keine sichere Seite.

Das politische Spielfeld hat heutzutage eher die Form eines Achtecks, eines Kampfkäfigs mit vielen Seiten. In jeder Ecke haben wir Demokraten, Republikaner, Liberale, Konservative, Progressive, Libertäre, links, rechts, links außen, rechts außen und andere Fraktionen. All das ist gewollt. Je zersplitterter wir sind, desto leichter kann man uns spalten. Je stärker gespalten wir sind, desto leichter sind wir zu kontrollieren.«

Nach einer Pause fügte Mikki hinzu: »Und wenn wir gerade bei diesem Thema sind, muss ich Ihnen etwas erzählen, was mein Kumpel Cal neulich gesagt hat und was mich sehr beeindruckt hat. Er sagte: ›Mit anzusehen, wie dein Leben dieses Jahr verlaufen ist, hat mich verändert.‹ Ich fragte: ›Wie denn?‹ Er machte eine Pause, dann schaute er mir direkt in die Augen und sagte: ›Weil ich dich kenne. Ich kenne dein Herz. Du bist einer der liebevollsten und mitfühlendsten Menschen, die ich je kennengelernt habe. Da wurde mir klar, dass, wenn die gegen jemanden wie dich derart hasserfüllte Vorwürfe fabrizieren können, keiner von uns sicher ist.‹«

Diese letzte Aussage von Cal ist der Grund dafür, dass Sie es bis zum Ende dieses Buchs geschafft haben, ohne dabei allzu viele Hinweise auf meine Identität entdeckt zu haben (zumindest hoffe ich das). Ich bin nicht bereit, als Requisite für die Geschichte eines anderen meinen Kopf hinzuhalten, und aus Erfahrung weiß ich, dass es mitnichten nur die Medien sind, die alles andere als unparteiisch sind. Es sind die Leute, die ich nicht kenne, und die Leute, die ich kenne. Jeder, der über einen Social-Media-Account verfügt, hat das Potenzial, das Leben eines Mitmenschen zu verändern – meistens zum Schlechten. Ich kann es mir nicht leisten, zum Opfer der Cancel Culture zu werden.

Macht mich das zu einem Feigling? Mehr denn je zuvor sollten wir heute stark genug sein, unsere Stimme gegen Ungerechtigkeit zu erheben und Menschen mit der Macht des Volkes zur Rechenschaft zu ziehen. Wenn Sie mich fragen (und das *Plandemic*-Team würde mir zustimmen): Uns allen täte es gut, etwas mehr zuzuhören und weniger zu reden. Ich meine damit, *wirklich* zuzuhören. Die Welt ist dermaßen laut geworden, unser Kopf dermaßen voll, dass das schnell verlorengeht. Jeden Abend hören wir, was uns die Nachrichtensprecher erzählen, oder wir scrollen durch die Memes in unserem Feed, aber niemals halten wir lang genug inne, um den Strom an Informationen, der wie aus einem Feuerwehrschlauch auf uns einprasselt, wirklich zu verdauen. Das ist vielen mächtigen Leuten gerade recht.

Warum also überhaupt ein Buch schreiben? Vielleicht ist es altmodisch, aber für mich zählen Bücher zu den letzten Gelegenheiten, der Stimme und dem Standpunkt eines anderen Menschen wirklich zuzuhören. Es dauert Tage oder Wochen, das Werk eines Autors zu lesen, und dass man sich über so einen Zeitraum hinweg auf eine einseitige Konversation einlässt, verlangt Respekt, Geduld und guten Willen in einem Maß, das in unseren tagtäglichen Gesprächen oftmals fehlt – insbesondere in den meisten Online-Interaktionen. Ich bin dankbar, dass Sie Ihren Geist so weit geöffnet haben, über all die Dinge nachzudenken, die ich auf diesen Seiten dargelegt habe.

Dieses Buch repräsentiert alles, was meiner Meinung nach wahr und wichtig ist über die Entstehung von *Plandemic* und den kulturellen Moment rund um seine Entstehung. Natürlich sind wir alle Opfer unserer eigenen unterbewussten Vorurteile, aber wenn man als Skeptiker anfängt und als Sympathisant aufhört, liegt man hoffentlich irgendwo in der Mitte, so »unparteiisch«, wie es nur geht.

Und was bedeutet das? Ich werde mich definitiv nicht gegen Covid impfen lassen, aber ich trage eine Maske. Ich habe Joe Biden gewählt, aber in meiner Regionalwahl habe ich gerade für einen Republikaner gestimmt. Ich bin keine Konservative, keine Liberale. Ich stecke voller Widersprüche, genau wie Sie.

Menschen sind unendlich komplex und genau so können auch unsere Meinungen sein. Wir müssen uns nicht für eines der zwei Pauschalangebote entscheiden, die derzeit offenbar als einziges angeboten werden – links oder rechts. Wenn wir einander wirklich gut zuhören und nachdenken, bevor wir zu einem Urteil gelangen, können wir uns eine eigene Meinung bilden, unsere eigenen Entscheidungen treffen und andere daran hindern, das an unserer Stelle zu tun. Vielleicht ist das der erste Schritt auf dem Weg, unsere Menschlichkeit zurückzuerlangen.

Mikki hat es am Schluss von *Plandemic: Indoctornation* am besten formuliert:

Unser Leben wird geprägt und geleitet von Geschichten.

Die Geschichten, die man uns erzählt,
werden zu den Geschichten, die wir erzählen.

Je öfter wir sie hören, desto mehr glauben wir an sie.

Wenn wir sie als Werkzeug benutzen,
helfen sie uns, besser zu verstehen, was wir tun.

Wenn sie als Waffe eingesetzt werden,
können sie tödlich sein.

Eine der gefährlichsten Geschichten, die man uns
erzählt hat, lautet in etwa so: Die Menschheit ist ein
gescheitertes Experiment. Wir sind Parasiten.
Ein Krebsgeschwür. Ein Virus.

Dieser Mythos durchzieht unsere Filme, unsere
Musik, unsere Medien und unseren Geist.

Wie man so schön sagt: Wiederholt man eine Lüge
nur oft genug, wird sie Wahrheit.

Angst schaltet den Teil unseres Gehirns ab,
der dafür ausgelegt ist, Probleme zu lösen.

Ohne diese Fähigkeit verlassen wir uns darauf,
dass andere uns führen und retten.

Dadurch verlieren wir unsere ursprünglichste Natur
aus dem Blick.

Wir vergessen, dass wir Teil des genialsten
und widerstandsfähigsten Ökosystems im gesamten
Universum sind.

Wir haben aufgehört, Lebensmittel zu essen, die aus der Erde kommen, und angefangen, Produkte zu konsumieren, die von Maschinen verarbeitet wurden.

Wir tauschen Medikamente, die heilen, gegen Arzneimittel ein, die schaden.

Wir geben Liebe und Freiheit zugunsten von Schulden und Abhängigkeit auf.

Die gute Nachricht ist: Unsere Geschichte ist noch nicht zu Ende.

Der Höhepunkt steht uns noch bevor.

Der Moment, in dem sich der Held aus der Niederlage erhebt und eine Kraft beschwört, die er ganz vergessen hatte.

Eine innere Kraft.

Eine *Natur*gewalt.

»Sie wollten
uns begraben, aber sie
wussten nicht, dass
wir der Samen sind.«

Dinos
Christianopoulos

Danksagung

Für meine Mutter Jackie und meinen Vater John.
Danke für die Liebe. Danke für mein Leben. Und allen tapferen
Whistleblowern und Whistleblowerinnen, Wissenschaftlern
und Wissenschaftlerinnen, Ärzten und Ärztinnen,
dem medizinischen Personal an der vordersten Front,
Journalisten und Journalistinnen, gewählten Amtsträgern
und Amtsträgerinnen, Beamten und Beamtinnen,
Müttern, Vätern und den Helden und Heldinnen des Alltags,
die aufstehen und sich für Leben, Freiheit, Menschlichkeit
und die Liebe stark machen. Euch allen vielen Dank!
Die Geschichte wird wohlwollend auf euch herablächeln.

Mikki Willis

Vater und Filmemacher

*»Sei, wer du bist,
und sag, was du fühlst.
Diejenigen,
die es stört, zählen nicht,
und diejenigen,
die zählen, stört es nicht.«*

Dr. Seuss

Endnoten

Alle hier aufgeführten Links waren bei Redaktionsschluss aufrufbar. Sollte dies bei Drucklegung nicht mehr der Fall sein, kann der entsprechende Link in der Regel beim Internetarchiv *(https://archive.org/web/)* gefunden werden.

1 **Kit Stolz:** »Mr. Willis Goes to Washington«, *Ojai Magazine,* Frühjahr 2021, *www.facebook.com/ojaivalleynews/posts/mr-willis-goes-to-washington-is-a-feature-story-by-kit-stolz-about-former-ojai-r/3935269049891583/.*

2 **Joseph, Andrew:** *https://www.statnews.com/2020/01/11/first-death-from-wuhan-pneumonia-outbreak-reported-as-scientists-release-dna-sequence-of-virus/.*

3 **Mercola, Dr. Joseph:** *https://www.organicconsumers.org/news/niaid-moderna-had-covid-vaccine-candidate-december-2019.*

4 **Rappoport, Jon:** »Here's what Sharyl Attkisson told me about the 2009 ›pandemic‹«, 16. April 2020, *https://www.eastonspectator.com/2020/04/16/heres-what-sharyl-attkisson-told-me-about-the-2009-pandemic-apr-16-by-jon-rappoport/.*

5 **Redwood, Lyn; Holland, Mary:** »Dr. Fauci and COVID-19 Priorities: Therapeutics Now or Vaccines Later?«, 27. März 2020, *https://childrenshealthdefense.org/news/dr-fauci-and-covid-19-priorities-therapeutics-now-or-vaccines-later/.*

6 »AIDS and the AZT Scandal: SPIN's 1989 Feature, ›Sins of Omission‹«, Spin, 5. Oktober 2015, *https://www.spin.com/featured/aids-and-the-azt-scandal-spin-1989-feature-sins-of-omission/.*

7 **Nussbaum, Bruce:** Good Intentions: How Big Business And the Medical Establishment Are Corrupting the Fight Against AIDS; Atlantic Monthly Press, New York 1990.

8 **Kramer, Larry:** »An Open Letter to Dr. Anthony Fauci«, The Village Voice, 1989, *https://www.villagevoice.com/2020/05/28/an-open-letter-to-dr-anthony-fauci/.*

9 **Farber, Celia:** »Sins of Omission«, Spin, November 1989.

10 **Herman, Bob:** »Pfizer raises estimate of COVID-19 vaccine sales by 29%«, 28. Juli 2021, *https://www.axios.com/pfizer-covid-19-vaccine-sales-second-quarter-2021-7bd7ae91-0b1b-4432-be40-9c91c3dad0dc.html.*

11 ABC World News Tonight, Fernsehsendung, Tom Llamas, 23. Mai 2020.

12 **Cobbe, Elaine:** »France bans use of hydroxychloroquine, drug touted by Trump, in coronavirus patients«, CBS News, 27. Mai 2020, *https://www.cbsnews.com/news/france-bans-use-of-hydroxychloroquine-drug-touted-by-trump-to-treat-coronavirus/.*

13 Morning Joe, 22. Mai 2020, *https://www.facebook.com/msnbc/posts/hydroxychloroquine-the-antimalarial-drug-touted-by-president-trump-is-linked-to-/3761296230633268/.*

14 **Mehra, Mandeep R.; Desai, Sapan S. ; Ruschitzka, Frank; Patel, Amit N.:** »Hydroxychloroquine or chloroquine with or without a macrolide for treatment of COVID-19: a multinational registry analysis«, The Lancet, 22. Mai 2020, *https://www.thelancet.com/journals/lancet/article/PIIS0140-6736(20)31180-6/fulltext.*

15 **Offord, Catherine:** »The Surgisphere Scandal: What Went Wrong?«, *The Scientist,* 1. Oktober 2020, *https://www.the-scientist.com/features/the-surgisphere-scandal-what-went-wrong--67955.*

16 **Piller, Charles; Servick, Kelly:** »Two elite medical journals retract coronavirus papers over data integrity questions«, Science, 4. Juni 2020, *https://www.sciencemag.org/news/2020/06/two-elite-medical-journals-retract-coronavirus-papers-over-data-integrity-questions.*

17 **Offord, Catherine:** »The Surgisphere Scandal: What Went Wrong?«.

18 »Updated: Lancet Published a Fraudulent Study: Editor Calls it ›Department of Error‹«, 2. Juni 2020, *https://ahrp.org/the-lancet-published-a-fraudulent-study-editor-calls-it-department-of-error/.*

19 Yahoo Sports, »Renowned epidemiologist sees ›massive disinformation campaign‹ against hydroxychloroquine«, 23. August 2020, *https://sports.yahoo.com/renowned-epidemiologist-sees-massive-disinformation-005033779.html.*

20 »C.D.C. Internal Report Calls Delta Variant as Contagious as Chickenpox«, 1. August 2020, *https://www.nytimes.com/2021/07/30/health/covid-cdc-delta-masks.html.*

21 »Kary Mullis [PCR Inventor] – The Full Interview by Gary Null [HIV/AIDS]«, Mai 1996, *https://www.bitchute.com/video/AHJwHmTiGsOw/.*

22 **Stang, Andreas; Robers, Johannes et al.:** »The performance of the SARS-CoV-2 RT-PCR test as a tool for detecting SARS-CoV-2 infection in the population«, *https://www.ncbi.nlm.nih.gov/pmc/articles/PMC8166461/.*

23 **Ralph, Alex:** »Bill Gates and George Soros buy out UK Covid test company Mologic«, *The Times,* 20. Juli 2021, *https://www.thetimes.co.uk/article/bill-gates-and-george-soros-buy-out-uk-covid-test-company-mologic-70c3r736b.*

24 **Hopkins Tanne, Janice:** »Royalty payments to staff researchers cause new NIH troubles«, 22. Januar 2005, *https://www.ncbi.nlm.nih.gov/pmc/articles/ PMC545012/.*

25 *https://www.gavi.org/our-alliance/about.*

26 *Financial Times,* »Transcript: Bill Gates Speaks to the FT About the Coronavirus Crisis«, 9. April 2020, *https://www.ft.com/content/ 13ddacc4-0ae4-4be1-95c5-1a32ab15956a.*

27 **Quick, Becky:** »Bill Gates and the return on investment in vaccinations«, 23. Januar 2020, *https://www.cnbc.com/video/2019/01/23/bill-gates-and-the-return-on-investment-in-vaccinations-davos.html.*

28 **Rottenberg, Josh; Perman, Stacy:** »Meet the Ojai dad who made the most notorious piece of coronavirus disinformation yet«, 13. Mai 2020, *https://www.latimes.com/entertainment-arts/movies/story/2020-05-13/ plandemic-coronavirus-documentary-director-mikki-willis-mikovits.*

29 **Frenkel, Sheera; Decker, Ben; Alba, Davey:** »How the ›Plandemic‹ Movie and Its Falsehoods Spread Widely Online«, *New York Times,* 20. Mai 2020, *https://www.nytimes.com/2020/05/20/technology/plandemic-movie-youtube-facebook-coronavirus.html.*

30 **Bar-Yam, Yaneer:** »Don't rebreath the coronavirus: New mask designs«, New England Complex Systems Institute, 3. April 2020, *https://necsi.edu/ dont-rebreath-the-coronavirus-new-mask-designs.*

31 **Elias, Paul:** »Race to patent SARS virus stirs debate«, *Associated Press,* 5. Mai 2003.

32 Ebd.

33 Ebd.

34 »Scientists race to patent SARS virus«, *Associated Press,* 15. Dezember 2003, *https://www.nbcnews.com/id/wbna3076748.*

35 **Vincent, Isabel:** »COVID-19 first appeared in a group of Chinese miners in 2012, scientists say«, 15. August 2020, *https://nypost.com/2020/08/15/ covid-19-first-appeared-in-chinese-miners-in-2012-scientists/.*

36 »Statement on funding pause on certain types of gain-of-function research«, 16. Oktober 2014, *https://www.nih.gov/about-nih/who-we-are/nih-director/ statements/statement-funding-pause-certain-types-gain-function-research.*

37 **Guterl, Fred:** »Dr. Fauci Backed Controversial Wuhan Lab with U.S. Dollars for Risky Coronavirus Research«, *Newsweek,* 28. April 2020.

38 **Roeher, Bob:** »WHO wades into row over sharing of H5N1 flu research«, *The BMJ,* 4. Januar 2012.

39 **Lipsitch, Marc:** »The U.S. is funding dangerous experiments it doesn't want you to know about«, Washington Post, 27. Februar 2019.

40 National Academies of Science, Engineering & Medicine, März 2015, *https://www.nationalacademies.org/our-work/enabling-rapid-medical-countermeasure-research-discovery-and-translation-for-emerging-threats-a-workshop.*

41 *https://www.judiciary.senate.gov/download/epstein-testimony.*

42 Ebd.

43 **Epstein, Richard:** »Google's Hypocrisy«, *Huffington Post,* 6. Oktober 2015.

44 **Ball, Molly:** »The Secret History of the Shadow Campaign That Saved the 2020 Election«, *Time,* 4. Februar 2021, *https://time.com/5936036/secret-2020-election-campaign/.*

45 **Lohr, Steve:** »Data engineer in Google case is identified«, *New York Times,* 30. April 2012.

46 **Roberts, Paul:** »Tacoma-based Snopes, debunker of fake news, is locked in nasty legal battle«, 4. Juni 2009, *https://www.seattletimes.com/business/tacoma-based-snopes-debunker-of-fake-news-is-locked-in-a-nasty-legal-dispute/.*

47 **Murphy, Kate:** »Single-Payer & Interlocking Directorates«, Juli 2009, *https://fair.org/home/single-payer-and-interlocking-directorates/.*

48 **Bernstein, Carl:** »The CIA and the Media«, *Rolling Stone,* 20. Oktober 1977, *http://www.carlbernstein.com/magazine_cia_and_media.php.*

49 **Peterson-Withorn, Chase:** April 2021, *https://www.forbes.com/sites/chasewithorn/2021/04/30/american-billionaires-have-gotten-12-trillion-richer-during-the-pandemic/?sh=59fc02e6f557.*

50 Videoclip der Veranstaltung, *https://www.centerforhealthsecurity.org/event201/videos.html.*

51 Center for Health Security, »Event 201 Pandemic Exercise Underscores Immediate Need for Global Public-Private Cooperation to Mitigate Severe Economic and Societal Impacts of Pandemics«, 17. Oktober 2019, *https://www.centerforhealthsecurity.org/event201/about.*

52 **Häring, Norbert:** »Why is Gates denying Event 201?« *National Herald,* 2. Mai 2020, *https://www.nationalheraldindia.com/international/why-is-gates-denying-event-201.*

53 **Engleman, Katie:** »Sherlock Biosciences Receives FDA Emergency Use Authorization for CRISPR SARS-CoV-2 Rapid Diagnostic quad-shape COVID-19

Test is First FDA-Authorized Use of CRISPR Technology«, *Sherlock Biosciences,* 7. Mai 2020, *https://sherlock.bio/sherlock-biosciences-receives-fda-emergency-use-authorization-for-crispr-sars-cov-2-rapid-diagnostic/.*

54 **Cara, Ed:** »How last year's pandemic simulation foreshadowed Covid-19«, *Gizmodo,* 26. Oktober 2020.

55 **Literatus, Zosimo T.:** »›Plandemic‹ Fact Check: U.S. Patent on Coronavirus«, *Yahoo News,* 2. März 2021, *https://ph.news.yahoo.com/literatus-plandemic-fact-check-u-140100264.html.*

56 **Literatus, Zosimo T.:** »›Pandemic‹ Fact Check: Conclusion«, *Yahoo News,* 1. Juni 2021, *https://ph.news.yahoo.com/literatus-pandemic-fact-check-conclusion-110200556.html.*

57 »Event 201 Pandemic Exercise Underscores Immediate Need for Global Public-Private Cooperation to Mitigate Severe Economic and Societal Impacts of Pandemics«, Center For Health Security, 17. Oktober 2019, *https://www.centerforhealthsecurity.org/event201/about.*

58 **Gallagher, Gerard:** »Fauci: ›No doubt‹ Trump will face surprise infectious disease outbreak«, Infectious Disease News, 11. Januar 2017.

59 **Twilley, Nicola:** »The terrifying lessons of a pandemic simulation«, *The New Yorker,* 1. Juni 2018, *https://www.newyorker.com/science/elements/the-terrifying-lessons-of-a-pandemic-simulation.*

60 Ebd.

61 Ebd.

62 Weltgesundheitsorganisation, *https://open.who.int/2018-19/contributors/contributor.*

63 **Huet, Natalie:** »Meet the world's most powerful doctor: Bill Gates«, *Politico.com,* 4. Mai 2017.

64 »Dr. Cover-Up: Tedros Adhanom's controversial journey to the WHO«, 1. Mai 2020, *https://www.orfonline.org/expert-speak/dr-cover-up-tedros-adhanoms-controversial-journey-to-the-who-65493/.*

65 »Mary Gates, 64; Helped her son start Microsoft«, *Associated Press,* 11. Juni 1994.

66 **Allen, Paul:** *Idea Man,* New York; Portfolio, 2011 (dt. Titel: *Idea Man - Die Autobiografie des Microsoft-Mitgründers;* Campus Verlag, 2011).

67 **Bagla, Pallava:** »Indian Parliament comes down hard on cervical cancer trial«, *Science,* 9. September 2013.

68 Ebd.

69 **Kalra, Aditya:** »India Cuts Some Ties with the Gates Foundation on Immunization«, *Reuters,* 8. Februar 2017.

70 Ebd.

71 *https://www.gatesfoundation.org/How-We-Work/Quick-Links/
Grants-Database/Grants/2020/03/INV-005273.*

72 **Goodman, Amy:** »Gates Foundation Causing Harm with the Same Money It
Uses to Do Good«, *Democracy Now*, 9. Januar 2007, *https://www.democracy-
now.org/2007/1/9/report_gates_foundation_causing_harm_with.*

73 **Shiva, Vandana:** »Earth Democracy: Connecting Rights of Mother Earth to
Human Rights and Well-Being of All«, 15. Oktober 2015,
*https://navdanyainternational.org/publications/earth-democracy-connecting-
rights-of-mother-earth-to-human-rights-and-the-well-being-of-all/.*

74 **Mercola, Dr. Joseph:** »Vandana Shiva: Bill Gates Empires ›Must Be Dismantled‹«,
Children's Health Defense, 29. März 2021, *https://childrenshealthdefense.org/
defender/vandana-shiva-gates-empires-must-dismantle/.*

75 **Ralph, Alex:** »Bill Gates and George Soros buy out UK Covid test company
Mologic«, *The Times*, 20. Juli 2021, *https://www.thetimes.co.uk/article/bill-
gates-and-george-soros-buy-out-uk-covid-test-company-mologic-70c3r736b.*

76 **Flitter, Emily; Stewart, James B.:** »Bill Gates Met With Jeffrey Epstein
Many Times, Despite His Past«, *New York Times*, 12. Oktober 2019,
https://www.nytimes.com/2019/10/12/business/jeffrey-epstein-bill-gates.html.

77 *https://casetext.com/statute/revised-code-of-washington/title-70-
public-health-and-safety/chapter-70290-washington-vaccine-association/
section-70290010-definitions.*

78 Planet Lockdown-Interviewreihe von Henry, 2021,
https://planetlockdownfilm.com.

79 Real America's Voice Radio, 26. Juli 2021,
https://americasvoice.news/video/oLGAsJHJgdKwQPm/.

80 Weltgesundheitsorganisation: »Global efforts to study the origin
of SARS-CoV19 virus«, 2. August 2020.

81 Informationsschreiben des US-Außenministeriums: »Activity at the
Wuhan Institute of Virology«, 15. Januar 2021, *https://2017-2021.state.gov/
fact-sheet-activity-at-the-wuhan-institute-of-virology/index.html.*

82 **Leatherby, Lauren; Ray, Arielle; Singhvi, Anjali; Triebert, Christiaan;
Watkins, Derek; Willis, Haley:** »Insurrection at the Capitol: A Timeline of How
It Happened«, *New York Times*, 12. Januar 2021, *https://www.nytimes.com/
interactive/2021/01/12/us/capitol-mob-timeline.html.*